Deutsch kompetent

Kurslektüren

Georg Büchner

Woyzeck

Autor/Autorin:
Dustin Runkel
Marzena Siemon

Ernst Klett Verlag GmbH
Stuttgart · Leipzig · Dortmund

Der vorliegende Text basiert auf folgender Werkausgabe:
Georg Büchner: Woyzeck: Lese- und Bühnenfassung. In: Ders.: Sämtliche Werke und Briefe. Historisch-kritische Ausgabe mit Kommentar, hrsg. von Werner R. Lehmann. Erster Band. Hamburg: Wegner 1967, S. 407–431
Rechtschreibung und Zeichensetzung wurden behutsam an die heutigen Lesegewohnheiten angepasst.

1. Auflage   1 5 4 3 2 1 | 26 25 24 23 22

Autor/Autorin: Dustin Runkel, Überlingen; Marzena Siemon, Marburg

Entstanden in Zusammenarbeit mit dem Projektteam des Verlages.

Gestaltung: normaldesign GbR, Maria und Jens-Peter Becker, Schwäbisch Gmünd
Umschlaggestaltung: normaldesign GbR, Maria und Jens-Peter Becker, Schwäbisch Gmünd
Satz: PER MEDIEN & MARKETING GmbH, Braunschweig
Reproduktion: Druckmedienzentrum Gotha GmbH, Gotha
Druck: Plump Druck & Medien GmbH, Rheinbreitbach

Printed in Germany
ISBN 978-3-12-352631-2

Lektüre
Georg Büchner: *Woyzeck*   7

Friedrich Schiller: Über die ästhetische Erziehung des Menschen, Neunter Brief 67 • **Immanuel Kant:** Idee zu einer allgemeinen Geschichte in weltbürgerlicher Absicht 68 • **Georg Büchner:** Brief an die Eltern in Darmstadt (28.07.1835) 68 • **Georg Büchner:** Dantons Tod 70, 71 • **Georg Büchner:** Leonce und Lena 70, 71 • **Georg Büchner:** Lenz 71

Epochenüberblick 73 • **Ferdinand von Schirach:** Jeder kann zum Mörder werden 75

Johann Wolfgang Goethe: Faust. Der Tragödie erster Teil 77 • **Gerhart Hauptmann:** Bahnwärter Thiel 78 • **Hans C. Blumenberg:** Leben im Eis 81

Georg Büchner: Woyzeck, Szene 11 • **Sebastian Thiele:** Packender Horrortrip im Schauspielhaus 91

Georg Büchner

Woyzeck

Lese- und Bühnenfassung

Personen

FRANZ WOYZECK

MARIE

HAUPTMANN

DOKTOR

TAMBOURMAJOR

UNTEROFFIZIER

ANDRES

MARGRETH

AUSRUFER vor einer Bude

MARKTSCHREIER im Inneren der Bude

ALTER MANN, der zum Leierkasten singt

KIND, das tanzt

DER JUDE

WIRT

ERSTER HANDWERKSBURSCH

ZWEITER HANDWERKSBURSCH

KARL, ein Idiot

KÄTHE

GROSSMUTTER

ERSTES KIND

ZWEITES KIND

DRITTES KIND

ERSTE PERSON

ZWEITE PERSON

GERICHTSDIENER

ARZT

RICHTER

Soldaten, Studenten, Burschen, Mädchen und Kinder

→ S. 37, A6

1 Freies Feld. Die Stadt in der Ferne

WOYZECK *und* **ANDRES** *schneiden Stöcke im Gebüsch.*

WOYZECK Ja Andres; den Streif[1] da über das Gras hin, da rollt abends der Kopf, es
hob ihn einmal einer auf, er meint' es wär' ein Igel. Drei Tag und drei Nächt und
er lag auf den Hobelspänen[2] *(leise)* Andres, das waren die Freimaurer[3], ich hab's,
5 die Freimaurer, still!
ANDRES *(singt)*   Saßen dort zwei Hasen,
                    Fraßen ab das grüne, grüne Gras …
WOYZECK Still! Es geht was!
ANDRES   Fraßen ab das grüne, grüne Gras
10   Bis auf den Rasen.
WOYZECK Es geht hinter mir, unter mir *(stampft auf den Boden)*
hohl, hörst du? Alles hohl da unten. Die Freimaurer!
ANDRES Ich fürcht mich.
WOYZECK S'ist so kurios[4] still. Man möcht den Atem halten. Andres!
15 **ANDRES** Was?
WOYZECK Red was! *(Starrt in die Gegend.)* Andres! Wie hell! Ein Feuer fährt um
den Himmel und ein Getös herunter wie Posaunen. Wie's heraufzieht! Fort.
Sieh nicht hinter dich. *(Reißt ihn in's Gebüsch.)*
ANDRES *(nach einer Pause)* Woyzeck! Hörst du's noch?
20 **WOYZECK** Still, alles still, als wär die Welt tot.
ANDRES Hörst du? Sie trommeln drin. Wir müssen fort.

→ S. 37, A6

→ S. 38, A1

2 Die Stadt

MARIE *mit ihrem Kind am Fenster.* **MARGRETH.**
Der Zapfenstreich geht vorbei, der **TAMBOURMAJOR** *voran.*

MARIE *(das Kind wippend auf dem Arm)* He Bub! Sa ra ra ra! Hörst? Da komme
sie.
5 **MARGRETH** Was ein Mann, wie ein Baum.
MARIE Er steht auf seinen Füßen wie ein Löw.
(Tambourmajor grüßt.)

---

1   Streif, der: Linie, Bahn, Band

2   *er lag auf den Hobelspänen*: Das Sargkissen war früher oft mit Hobelspänen gefüllt.

3   Freimaurer: internationaler, der Aufklärung verpflichteter Geheimbund im 18. Jahrhundert;
    bei der Bevölkerung geheimnisumwittert und mit abergläubischen Vorurteilen bedacht.

4   kurios: hier im Sinne von: seltsam, merkwürdig

MARGRETH Ei, was freundliche Auge, Frau Nachbarin, so was is man an ihr nit gewöhnt.

10 **MARIE** *(singt)* Soldaten das sind schöne Bursch …

MARGRETH Ihre Auge glänze ja noch.

MARIE Und wenn! Trag Sie Ihre Auge zum Jud und lass Sie sie putze, vielleicht glänze sie noch, dass man sie für zwei Knöpf verkaufe könnt.[1]

MARGRETH Was Sie? Sie? Frau Jungfer, ich bin eine honette[2] Person, aber Sie,
15 Sie guckt siebe Paar lederne Hose durch.

MARIE Luder! *(Schlägt das Fenster zu.)* Komm mein Bub. Was die Leut wollen. Bist doch nur en arm Hurenkind und machst deiner Mutter Freud mit deim unehrliche Gesicht[3]. Sa! Sa!

(Singt) Mädel, was fangst du jetzt an?
20 Hast ein klein Kind und kein Mann.
Ei was frag ich danach,
Sing ich die ganze Nacht
Heio popeio mein Bu. Juchhe!
Gibt mir kein Mensch nix dazu.

25 Hansel spann deine sechs Schimmel an,
Gib ihn zu fresse auf's neu.
Kein Haber[4] fresse sie,
Kein Wasser saufe sie,
Lauter kühle Wein muss es sein. Juchhe!
30 Lauter kühle Wein muss es sein.

(Es klopft am Fenster.)

MARIE Wer da? Bist du's Franz? Komm herein!

WOYZECK Kann nit. Muss zum Verles[5].

MARIE Was hast du Franz?

35 **WOYZECK** *(geheimnisvoll)* Marie, es war wieder was, viel, steht nicht geschrieben: und sieh da ging ein Rauch vom Land, wie der Rauch vom Ofen?[6]

MARIE Mann!

---

1 *zum Jud … für zwei Knöpf verkaufe könnt*: Wegen der ihnen auferlegten Einschränkungen bei der Wahl ihres Berufes waren Juden oft als Kleinhändler tätig. Die Figur des schlicht und abwertend als „Jud" bezeichneten Händlers spiegelt das zeitgenössische Klischee des habgierigen, materialistischen „Geldjuden" wider; vgl. auch Szene 15.

2 honett: anständig, ehrbar, sittsam

3 unehrliche Gesicht: früher geläufiger Ausdruck für: unehelicher Abstammung

4 Haber, der: Hafer

5 Verles, der: Appell

6 *steht nicht geschrieben … vom Ofen?*: Anspielung auf die biblische Schilderung des Untergangs von Sodom und Gomorrha (AT, 1. Mose 19, 28)

WOYZECK Es ist hinter mir gegangen bis vor die Stadt. Was soll das werden?

MARIE Franz!

40 **WOYZECK** Ich muss fort. (*Er geht.*)

MARIE Der Mann! So vergeistert. Er hat sein Kind nicht angesehn. Er schnappt noch über mit den Gedanken. Was bist so still, Bub? Furchst' dich? Es wird so dunkel, man meint, man wär blind. Sonst scheint doch als die Latern herein. Ich halt's nicht aus. Es schauert mich. (*Geht ab.*)

→ S.38, A1

→ S.51, A6

3 Buden. Lichter. Volk

ALTER MANN, *der zum Leierkasten singt,* **KIND**, *das tanzt:*
>Auf der Welt ist kein Bestand,
>Wir müssen alle sterben,
>Das ist uns wohlbekannt!

5 **MARIE** Hei! Hopsa!

WOYZECK Arm Mann, alter Mann! Arm Kind! Jung Kind! Sorgen und Fest! Hei Marie, soll ich dich …?

MARIE Ein Mensch muss auch der Narr von Verstand sein, damit er sagen kann: Narrisch Welt! Schön Welt!

10 **AUSRUFER** (*vor einer Bude*) Meine Herren! Meine Herren! Sehn Sie die Kreatur, wie sie Gott gemacht, nix, gar nix. Sehen Sie jetzt die Kunst, geht aufrecht hat Rock und Hosen, hat ein Säbel! Ho! Mach Kompliment! So bist Baron. Gib Kuss! (*Er trompetet.*) Wicht ist musikalisch. Meine Herrn, meine Damen, hier sind zu sehn das astronomische Pferd und die kleine Kanaillevogel[1], sind Lieb-

15 ling von alle Potentate[2] Europas und Mitglied von alle gelehrte Sozietät[3], verkündige de Leute alles, wie alt, wie viel Kinder, was für Krankheit. Schießt Pistol los, stellt sich auf ein Bein. Alles Erziehung, habe nur eine viehische Vernunft, oder vielmehr eine ganz vernünftige Viehigkeit, ist kein viehdummes Individuum wie viel Person, das verehrliche Publikum abgerechnet. Herein. Es

20 wird sein, die rapräsentation[4]. Das commencement[5] vom commencement wird sogleich nehm sein Anfang.

Sehn Sie die Fortschritte der Zivilisation. Alles schreitet fort, ein Pferd, ein Aff, ein Kanaillevogel! Der Aff ist schon ein Soldat, s' ist noch nit viel, unterst Stuf von menschliche Geschlecht!

---

1 Kanaille, die: Schurke, Bösewicht, Ganove
2 Potentat, der: Machthaber, Herrscher
3 Sozietät, die: Gemeinschaft, Gesellschaft
4 Repräsentation, die: Darstellung, Veranschaulichung
5 commencement, le: (frz.) Beginn, Anfang

25 Die raprästentation anfangen! Man mackt Anfang von Anfang. Es wird sogleich
   sein das commencement von commencement.

WOYZECK Willst du?

MARIE Meinetwege. Das muss schön Dings sein. Was der Mensch Quasten[1] hat
   und die Frau hat Hosen.

30   **UNTEROFFIZIER. TAMBOURMAJOR.**

UNTEROFFIZIER Halt, jetzt. Siehst du sie! Was n' Weibsbild.

TAMBOURMAJOR Teufel, zum Fortpflanzen von Kürassierregimenter[2] und zur
   Zucht von Tambourmajors!

UNTEROFFIZIER Wie sie den Kopf trägt, man meint das schwarz Haar müsst sie
35   abwärts ziehn, wie ein Gewicht, und Auge, schwarz …

TAMBOURMAJOR Als ob man in ein Ziehbrunn oder zu eim Schornstein hinab-
   guckt! Fort hinte drein.

MARIE Was Lichter, mei Auge!

WOYZECK Ja de Branntwein, ein Fass schwarz Katze mit feurige Auge. Hei, was n'
40   Abend.

(Das Innere der Bude.)

MARKTSCHREIER Zeig' dein Talent! Zeig deine viehische Vernünftigkeit! Beschäm
   die menschlich Sozietät! Meine Herren, dies Tier, das Sie da sehn, Schwanz am
   Leib, auf sei vier Hufe ist Mitglied von alle gelehrte Sozietät, ist Professor an
45   unse Universität, wo die Studente bei ihm reiten und schlage lerne. Das war
   einfacher Verstand. Denk jetzt mit der doppelte Raison[3]. Was machst du wann
   du mit der doppelte Raison denkst? Ist unter der gelehrte Société[4] da ein Esel?
   (Der Gaul schüttelt den Kopf.) Sehn Sie jetzt die doppelte Räson? Das ist Viehsio-
   nomik[5]. Ja das ist kei viehdummes Individuum, das ist eine Person. Ei Mensch,
50   ei tierisch Mensch und doch ei Vieh, ei bête[6]. *(Das Pferd führt sich ungebührlich
   auf.)* So beschäm die société. Sehn Sie das Vieh ist noch Natur, unideale Natur!
   Lern Sie bei ihm. Fragen Sie den Arzt, es ist höchst schädlich. Das hat geheiße:
   Mensch sei natürlich. Du bist geschaffe Staub, Sand, Dreck. Willst du mehr sein,
   als Staub, Sand, Dreck? Sehn Sie was Vernunft, es kann rechnen und kann
55   doch nit an de Finger herzählen, warum? Kann sich nur nit ausdrücke, nur nit

---

1   Quaste, die: größeres, zusammengefasstes Bündel von Fäden oder Schnüren zur Verzierung von Kleidungs-
    stücken; auch: Troddel, Zottel

2   Kürassier, der: Soldat des Reiterregiments

3   raison, la: (frz.) Verstand, Vernunft

4   société, la: (frz.) Gesellschaft, Gemeinschaft

5   Wortspiel: Anspielung auf „Physiognomik" = Lehre, nach der von der äußeren Erscheinung auf innere Eigen-
    schaften eines Menschen geschlossen werden kann.

6   bête: (frz. Substantiv): Tier; auch (frz. Adjektiv): dumm, einfältig

explizieren, ist ein verwandelter Mensch! Sag den Herrn, wieviel Uhr es ist.
Wer von den Herrn und Damen hat eine Uhr, eine Uhr?

UNTEROFFIZIER Eine Uhr! *(Zieht großartig und gemessen die Uhr aus der Tasche.)*
Da mein Herr.

→ S. 51, A6
60 **MARIE** Das muss ich sehn. *(Sie klettert auf den 1. Platz. Unteroffizier hilft ihr.)*

→ S. 38, A1

4 Kammer

MARIE *sitzt, ihr Kind auf dem Schoß, ein Stückchen Spiegel in der Hand.*

MARIE *(bespiegelt sich)* Was die Steine glänze! Was sind's für? Was hat er gesagt? –
Schlaf Bub! Drück die Auge zu, fest, *(das Kind versteckt die Augen hinter den Händen)* noch fester, bleib so, still oder er holt dich.

5 *(Singt)*   Mädel mach's Ladel zu,
                   S'kommt e Zigeunerbu,
                   Führt dich an deiner Hand
                   Fort in's Zigeunerland.

(Spiegelt sich wieder.) S' ist gewiss Gold! Unseins hat nur ein Eckchen in der Welt
10 und ein Stückchen Spiegel und doch hab' ich einen so roten Mund als die
großen Madamen mit ihren Spiegeln von oben bis unten und ihren schönen
Herrn, die ihnen die Händ küssen, ich bin nur ein arm Weibsbild. – *(Das Kind richtet sich auf.)* Still Bub, die Auge zu, das Schlafengelchen! Wie's an der Wand
läuft, *(sie blinkt mit dem Glas)* die Auge zu, oder es sieht dir hinein, dass du
15 blind wirst.

WOYZECK *tritt herein, hinter sie.*
Sie fährt auf[1] mit den Händen nach den Ohren.

WOYZECK Was hast du?
MARIE Nix.
20 **WOYZECK** Unter deinen Fingern glänzt's ja.
MARIE Ein Ohrringlein; hab's gefunden.
WOYZECK Ich hab so noch nix gefunden. Zwei auf einmal.
MARIE Bin ich ein Mensch?[2]
WOYZECK S' ist gut, Marie. – Was der Bub schläft. Greif' ihm unter's Ärmchen der
25 Stuhl drückt ihn. Die hellen Tropfen steh'n ihm auf der Stirn; alles Arbeit unter

---

1 auffahren: erschrecken, hochfahren
2 Mensch, der: hier im Sinne von: Prostituierte, käufliche Frau

der Sonn, sogar Schweiß im Schlaf. Wir arme Leut! Da is wieder Geld, Marie, die Löhnung und was von mein'm Hauptmann.

MARIE Gott vergelt's Franz.

WOYZECK Ich muss fort. Heut Abend, Marie. Adies.

30 **MARIE** (*allein, nach einer Pause*) Ich bin doch ein schlecht Mensch. Ich könnt'

→ S. 38, A1

mich erstechen. – Ach! Was Welt? Geht doch alles zum Teufel, Mann und Weib.

→ S. 52 , A1
S. 52, A6

5 Der Hauptmann. Woyzeck

HAUPTMANN *auf einem Stuhl,* **WOYZECK** *rasiert ihn.*

HAUPTMANN Langsam, Woyzeck, langsam; ein's nach dem andern. Er macht mir ganz schwindlig. Was soll ich dann mit den zehn Minuten anfangen, die Er heut zu früh fertig wird? Woyzeck, bedenk' Er, Er hat noch seine schöne dreißig Jahr

5 zu leben, dreißig Jahr! Macht 360 Monate, und Tage, Stunden, Minuten! Was will Er denn mit der ungeheuren Zeit all anfangen? Teil Er sich ein, Woyzeck.

WOYZECK Ja wohl, Herr Hauptmann.

HAUPTMANN Es wird mir ganz Angst um die Welt, wenn ich an die Ewigkeit denke. Beschäftigung, Woyzeck, Beschäftigung! Ewig das ist ewig, das ist ewig,

10 das siehst du ein; nun ist es aber wieder nicht ewig und das ist ein Augenblick, ja, ein Augenblick – Woyzeck, es schaudert mich, wenn ich denk, dass sich die Welt in einem Tag herumdreht, was n'e Zeitverschwendung, wo soll das hinaus? Woyzeck, ich kann kein Mühlrad mehr sehn, oder ich werd' melancholisch.

WOYZECK Ja wohl, Herr Hauptmann.

15 **HAUPTMANN** Woyzeck, Er sieht immer so verhetzt aus. Ein guter Mensch tut das nicht, ein guter Mensch, der sein gutes Gewissen hat. – Red' Er doch was Woyzeck. Was ist heut für Wetter?

WOYZECK Schlimm, Herr Hauptmann, schlimm; Wind.

HAUPTMANN Ich spür's schon, s' ist so was Geschwindes draußen; so ein Wind

20 macht mir den Effekt wie eine Maus. (*Pfiffig.*) Ich glaub' wir haben so was aus Süd-Nord.

WOYZECK Ja wohl, Herr Hauptmann.

HAUPTMANN Ha! ha! ha! Süd-Nord! Ha! ha! ha! O, Er ist dumm, ganz abscheulich dumm. (*Gerührt.*) Woyzeck, Er ist ein guter Mensch, ein guter Mensch – aber

25 (*mit Würde*) Woyzeck, Er hat keine Moral! Moral das ist, wenn man moralisch ist, versteht Er. Es ist ein gutes Wort. Er hat ein Kind, ohne den Segen der Kirche, wie unser hochehrwürdiger Herr Garnisonsprediger sagt, ohne den Segen der Kirche, es ist nicht von mir.

WOYZECK Herr Hauptmann, der liebe Gott wird den armen Wurm nicht drum
30 ansehn, ob das Amen drüber gesagt ist, eh' er gemacht wurde. Der Herr sprach:
Lasset die Kindlein zu mir kommen[1].

HAUPTMANN Was sagt Er da? Was ist das für n'e kuriose Antwort? Er macht mich
ganz konfus mit seiner Antwort. Wenn ich sag: Er, so mein ich Ihn, Ihn.

WOYZECK Wir arme Leut. Sehn Sie, Herr Hauptmann, Geld, Geld. Wer kein Geld
35 hat. Da setz einmal einer seinsgleichen auf die Moral in die Welt. Man hat auch
sein Fleisch und Blut. Unseins ist doch einmal unselig in der und der andern
Welt, ich glaub' wenn wir in Himmel kämen, so müssten wir donnern helfen.

HAUPTMANN Woyzeck, Er hat keine Tugend, Er ist kein tugendhafter Mensch.
Fleisch und Blut? Wenn ich am Fenster lieg, wenn's geregnet hat und den weißen
40 Strümpfen so nachsehe wie sie über die Gassen springen, – verdammt
Woyzeck, – da kommt mir die Liebe. Ich hab auch Fleisch und Blut. Aber
Woyzeck, die Tugend, die Tugend! Wie sollte ich dann die Zeit herumbringen?
Ich sag' mir immer: Du bist ein tugendhafter Mensch, (*gerührt*) ein guter
Mensch, ein guter Mensch.

45 **WOYZECK** Ja, Herr Hauptmann, die Tugend! Ich hab's noch nicht so aus. Sehn Sie,
wir gemeine Leut, das hat keine Tugend, es kommt einem nur so die Natur, aber
wenn ich ein Herr wär und hätt ein Hut und eine Uhr und eine anglaise[2] und
könnt vornehm reden, ich wollt schon tugendhaft sein. Es muss was Schöns sein
um die Tugend, Herr Hauptmann. Aber ich bin ein armer Kerl.

50 **HAUPTMANN** Gut, Woyzeck. Du bist ein guter Mensch, ein guter Mensch. Aber du
denkst zu viel, das zehrt, du siehst immer so verhetzt aus. Der Diskurs[3] hat mich
→ S. 52, A1
     S. 52, A6
ganz angegriffen. Geh' jetzt und renn nicht so; langsam hübsch langsam die
Straße hinunter.

→ S. 38, A1

6 Kammer

MARIE. TAMBOURMAJOR.

TAMBOURMAJOR Marie!

MARIE (*ihn ansehend, mit Ausdruck*) Geh' einmal vor dich hin. – Über die Brust
wie ein Rind und ein Bart wie ein Löw – So ist keiner – Ich bin stolz vor allen
5 Weibern.

---

1 *Lasset die Kindlein zu mir kommen*: Zitat aus dem Neuen Testament, Evangelium nach Markus (MK 10, 14)
2 Anglaise, die: alter Gesellschaftstanz; hier wohl im Sinne von: Anzug (in der Regel die Offizierstracht),
   der zur Anglaise getragen wird.
3 Diskurs, der: Gespräch, Unterhaltung

TAMBOURMAJOR Wenn ich am Sonntag erst den großen Federbusch hab' und die weiße Handschuh, Donnerwetter, Marie, der Prinz sagt immer: Mensch, Er ist ein Kerl.

MARIE (*spöttisch*) Ach was! (*Tritt vor ihn hin.*) Mann!

10 **TAMBOURMAJOR** Und du bist auch ein Weibsbild. Sapperment, wir wollen eine Zucht von Tambourmajors anlegen. He? (*Er umfasst sie.*)

MARIE (*verstimmt*) Lass mich!

TAMBOURMAJOR Wild Tier.

MARIE (*heftig*) Rühr mich an!

15 **TAMBOURMAJOR** Sieht dir der Teufel aus den Augen?

→ S. 38, A1
MARIE Meintwegen. Es ist alles eins.

→ S. 38, A1
S. 39, A5

7 Auf der Gasse

MARIE. WOYZECK.

WOYZECK (*sieht sie starr an, schüttelt den Kopf*) Hm! Ich seh nichts, ich seh nichts. O, man müsst's sehen, man müsst's greifen könne mit Fäusten.

MARIE (*verschüchtert*) Was hast du Franz? Du bist hirnwütig Franz.

5 **WOYZECK** Eine Sünde so dick und so breit. Es stinkt, dass man die Engelchen zum Himmel hinaus rauche könnt. Du hast ein rote Mund, Marie. Keine Blase drauf? Adieu, Marie, du bist schön wie die Sünde –. Kann die Todsünde so schön sein?

MARIE Franz, du red'st im Fieber.

WOYZECK Teufel! – Hat er da gestande, so, so?

10 **MARIE** Dieweil der Tag lang und die Welt alt ist, könn' viel Mensche an eim Platz stehn, einer nach dem andern.

WOYZECK Ich hab ihn gesehn.

MARIE Man kann viel sehn, wenn man zwei Auge hat und man nicht blind ist und die Sonn scheint.

→ S. 38, A1
S. 39, A5
15 **WOYZECK** Mit diesen Augen!

MARIE (*keck*) Und wenn auch.

→ S. 40, A3
S. 50, A1
S. 52, A6

8 Beim Doktor

WOYZECK. *Der* DOKTOR.

DOKTOR Was erleb' ich, Woyzeck? Ein Mann von Wort.

WOYZECK Was denn, Herr Doktor?

DOKTOR Ich hab's gesehn, Woyzeck; Er hat auf die Straß gepisst, an die Wand
gepisst wie ein Hund. Und doch zwei Groschen täglich. Woyzeck, das ist
schlecht. Die Welt wird schlecht, sehr schlecht.

WOYZECK Aber Herr Doktor, wenn einem die Natur kommt.

DOKTOR Die Natur kommt, die Natur kommt! Die Natur! Hab' ich nicht nachgewiesen, dass der musculus constrictor vesicae[1] dem Willen unterworfen ist? Die
Natur! Woyzeck, der Mensch ist frei, in dem Menschen verklärt sich die Individualität zur Freiheit. Den Harn nicht halten können! (*Schüttelt den Kopf, legt die
Hände auf den Rücken und geht auf und ab.*) Hat Er schon seine Erbsen
gegessen, Woyzeck? – Es gibt eine Revolution in der Wissenschaft, ich sprenge
sie in die Luft. Harnstoff 0,10, salzsaures Ammonium, Hyperoxydul.
Woyzeck, muss Er nicht wieder pissen? Geh' Er einmal hinein und probier Er's.

WOYZECK Ich kann nit Herr Doktor.

DOKTOR (*mit Affekt[2]*) Aber an die Wand pissen! Ich hab's schriftlich, den Akkord[3]
in der Hand. Ich hab's gesehn, mit diesen Augen gesehn, ich steckt grade die
Nase zum Fenster hinaus und ließ die Sonnstrahlen hineinfallen, um das Niesen
zu beobachten. (*Tritt auf ihn los.*) Nein Woyzeck, ich ärgre mich nicht, Ärger ist
ungesund, ist unwissenschaftlich. Ich bin ruhig ganz ruhig, mein Puls hat seine
gewöhnlichen 60 und ich sag's Ihm mit der größten Kaltblütigkeit. Behüte wer
wird sich über einen Menschen ärgern, ein Menschen! Wenn es noch ein
proteus[4] wäre, der einem krepiert! Aber Er hätte doch nicht an die Wand pissen
sollen –

WOYZECK Sehn Sie Herr Doktor, manchmal hat einer so n'en Charakter, so n'e
Struktur. – Aber mit der Natur ist's was anders, sehn Sie mit der Natur (*er kracht
mit den Fingern*) das ist so was, wie soll ich doch sagen, zum Beispiel …

DOKTOR Woyzeck, Er philosophiert wieder.

WOYZECK (*vertraulich*) Herr Doktor, haben Sie schon was von der doppelten Natur
gesehn? Wenn die Sonn in Mittag steht und es ist als ging die Welt in Feuer auf
hat schon eine fürchterliche Stimme zu mir geredet!

DOKTOR Woyzeck, Er hat eine aberratio.[5]

WOYZECK (*legt den Finger an die Nase*) Die Schwämme[6] Herr Doktor. Da, da
steckts. Haben Sie schon gesehn in was für Figuren die Schwämme auf dem
Boden wachsen? Wer das lesen könnt.

---

1   musculus constrictor vesicae: (lat.) Blasenschließmuskel

2   Affekt, der: hier im Sinne von: Leidenschaft, Engagement, Nachdruck

3   Akkord, der: Vertrag, Vereinbarung

4   Proteus, der: (lat.) Grottenolm (Gattung der Schwanzlurche)

5   Aberratio, die (lat. Zerstreuung, Abschweifung): Abnormalität, Abweichung von der Norm

6   Schwamm, der: Pilz

DOKTOR Woyzeck, Er hat die schönste aberratio mentalis partialis[1], die zweite
Spezies, sehr schön ausgeprägt. Woyzeck, Er kriegt Zulage. Zweite Spezies, fixe
Idee, mit allgemein vernünftigem Zustand, Er tut noch alles wie sonst, rasiert
40   sein Hauptmann?

WOYZECK Ja, wohl.

DOKTOR Isst sei Erbse?

WOYZECK Immer ordentlich Herr Doktor. Das Geld für die Menage[2] kriegt mei
Frau.

45 **DOKTOR** Tut sei Dienst?

WOYZECK Ja wohl.

DOKTOR Er ist ein interessanter casus[3]. Subjekt Woyzeck Er kriegt Zulag. Halt Er
sich brav. Zeig Er sei Puls! Ja.

→ S. 40, A3
S. 50, A1
S. 52, A6

→ S. 52, A6

9 Straße

HAUPTMANN. DOKTOR. HAUPTMANN *keucht die Straße herunter,*
hält an, keucht, sieht sich um.

HAUPTMANN Herr Doktor, die Pferde machen mir ganz Angst; wenn ich denke,
dass die armen Bestien zu Fuß gehn müssen. Rennen Sie nicht so. Rudern Sie
5   mit Ihrem Stock nicht so in der Luft. Sie hetzen sich ja hinter dem Tod drein.
Ein guter Mensch, der sein gutes Gewissen hat, geht nicht so schnell. Ein guter
Mensch. (*Er erwischt den Doktor am Rock.*) Herr Doktor erlauben Sie, dass ich
ein Menschenleben rette, Sie schießen …
Herr Doktor, ich bin so schwermütig, ich habe so was Schwärmerisches, ich muss
10   immer weinen, wenn ich meinen Rock an der Wand hängen sehe, da hängt er.

DOKTOR Hm! Aufgedunsen, fett, dicker Hals, apoplektische[4] Konstitution. Ja, Herr
Hauptmann, Sie können eine apoplexia cerebralis[5] kriegen, Sie können sie aber
vielleicht auch nur auf der einen Seite bekommen, und dann auf der einen
gelähmt sein, oder aber Sie können im besten Fall geistig gelähmt werden und
15   nur fortvegetieren, das sind so ohngefähr Ihre Aussichten auf die nächsten vier
Wochen. Übrigens kann ich Sie versichern, dass Sie einen von den interessanten
Fällen abgeben und wenn Gott will, dass Ihre Zunge zum Teil gelähmt wird, so
machen wir die unsterblichsten Experimente.

---

1   aberratio mentalis partialis: (lat.) teilweise geistige Verwirrung
2   Menage, die: gemeinschaftliche Wirtschaft, hier: von Soldaten. Da Woyzeck sich nur von Erbsen ernährt,
    kann er das Geld sparen, das er sonst für Essen einzahlen müsste.
3   casus: (lat.) Fall
4   apoplektisch: zu einem Gehirnschlag neigend
5   apoplexia cerebralis: (lat.) Gehirnschlag

HAUPTMANN Herr Doktor, erschrecken Sie mich nicht, es sind schon Leute am
20   Schreck gestorben, am bloßen hellen Schreck. – Ich seh schon die Leute mit den
.   Zitronen in den Händen[1], aber sie werden sagen, er war ein guter Mensch, ein
.   guter Mensch – Teufel Sargnagel.
. **DOKTOR** *(hält ihm den Hut hin)* Was ist das, Herr Hauptmann? Das ist Hohlkopf!
. **HAUPTMANN** *(macht eine Falte)* Was ist das, Herr Doktor? Das ist Einfalt.
25 **DOKTOR** Ich empfehle mich, geehrtester Herr Exerzierzagel.
. **HAUPTMANN** Gleichfalls, bester Herr Sargnagel.

                WOYZECK *kommt die Straße heruntergerannt.*

. **HAUPTMANN** He, Woyzeck, was hetzt Er sich so an uns vorbei?
.   Bleib Er doch Woyzeck, Er läuft ja wie ein offnes Rasiermesser durch die Welt,
30   man schneidt sich an Ihm, Er läuft als hätt Er ein Regiment Kastrierte zu rasiern
.   und würd gehenkt über dem letzten Haar noch vorm Verschwinden – aber, über
.   die langen Bärte, was wollt ich doch sagen? Woyzeck – die langen Bärte …
. **DOKTOR** Ein langer Bart unter dem Kinn, schon Plinius[2] spricht davon, man muss
.   es den Soldaten abgewöhnen, du, du …
35 **HAUPTMANN** *(fährt fort)* Hä? Über die langen Bärte? Wie is Woyzeck, hat Er noch
.   nicht ein Haar aus eim Bart in seiner Schüssel gefunden? He, Er versteht mich
.   doch, ein Haar von einem Menschen, vom Bart eines sapeur[3], eines Unteroffi-
.   zier, eines – eines Tambourmajor? He Woyzeck? Aber Er hat eine brave Frau.
.   Geht Ihm nicht wie andern.
40 **WOYZECK** Ja wohl! Was wollen Sie sagen, Herr Hauptmann?
. **HAUPTMANN** Was der Kerl ein Gesicht macht! Muss nun auch nicht in der Suppe
.   sein, aber wenn Er sich eilt und um die Eck geht, so kann Er vielleicht noch auf
.   Paar Lippen eins finden, ein Paar Lippen, Woyzeck, ich habe auch die Liebe
.   gefühlt, Woyzeck. Kerl Er ist ja kreideweiß.
45 **WOYZECK** Herr, Hauptmann, ich bin ein arm Teufel, – und hab sonst nichts auf
.   der Welt Herr Hauptmann, wenn Sie Spaß machen –
. **HAUPTMANN** Spaß ich, dass dich Spaß, Kerl!
. **DOKTOR** Den Puls Woyzeck, den Puls, klein, hart, hüpfend, unregelmäßig.
. **WOYZECK** Herr Hauptmann, die Erd ist höllenheiß, mir eiskalt! Eiskalt, die Hölle
50   ist kalt, wollen wir wetten. Unmöglich, Mensch! Mensch! Unmöglich.

---

1   *Zitronen in den Händen*: Zitronen sollten bei Todesfällen und Begräbnissen den Verwesungsgeruch überde-
    cken, zudem dienten sie als Grabschmuck.

2   Es könnte sich hier um eine Verwechslung des Doktors (oder Büchners) handeln: Dass Alexander der Große
    seinen Soldaten verboten habe Bärte zu tragen, damit sich die gegnerischen Krieger im Nahkampf nicht daran
    festhalten könnten, geht auf die Überlieferung des griechischen Geschichtsschreibers Plutarch zurück.

3   sapeur, der: (frz., militär.) Pionier; Truppenteil, der Gräben, Brücken etc. baut.

HAUPTMANN Kerl, will Er erschossen werden, will Er ein Paar Kugeln vor den Kopf haben? Er ersticht mich mit seinen Augen, und ich mein's gut mit Ihm, weil Er ein guter Mensch ist Woyzeck, ein guter Mensch.

DOKTOR Gesichtsmuskeln starr, gespannt, zuweilen hüpfend, Haltung aufgerichtet,
55 gespannt.

WOYZECK Ich geh! Es ist viel möglich. Der Mensch! Es ist viel möglich. Wir habe schön Wetter, Herr Hauptmann. Sehn Sie so ein schön, festen groben Himmel, man könnte Lust bekomm, ein Kloben[1] hineinzuschlagen und sich daran zu hänge, nur wege des Gedankenstrichels zwischen Ja, und wieder ja – und nein,
60 Herr, Herr Hauptmann ja und nein? Ist das Nein am Ja oder das Ja am Nein Schuld? Ich will drüber nachdenke. (*Geht mit breiten Schritten ab, erst langsam dann immer schneller.*)

DOKTOR (*schießt ihm nach*) Phänomen, Woyzeck, Zulage.

HAUPTMANN Mir wird ganz schwindlig vor den Menschen, wie schnell, der lange
65 Schlingel greift aus, es läuft der Schatten von einem Spinnbein, und der Kurze, – das zuckelt. Der Lange ist der Blitz und der Kleine der Donner. Haha, hinter-
drein. Grotesk! Grotesk!

→ S. 52, A6

10 Die Wachtstube

ANDRES (*singt*) Frau Wirtin hat n'e brave Magd,
Sie sitzt im Garten Tag und Nacht,
Sie sitzt in ihrem Garten …

5 **WOYZECK** Andres!

ANDRES Nu?

WOYZECK Schön Wetter.

ANDRES Sonntagsonnwetter. Musik vor der Stadt. Vorhin sind die Weibsbilder hinaus, die Mensche dampfe, das geht.

10 **WOYZECK** (*unruhig*) Tanz, Andres, sie tanze.

ANDRES Im Rössel und im Sternen.

WOYZECK Tanz, Tanz.

ANDRES Meintwege.

Sie sitzt in ihrem Garten,
15 Bis dass das Glöcklein zwölfe schlägt,
Und passt auf die Solda-aten.

WOYZECK Andres, ich hab kei Ruh.

---

1 Kloben, der: eiserner Haken

. ANDRES Narr!

. WOYZECK Ich muss hinaus. Es dreht sich mir vor den Augen.

20 Tanz. Tanz. Was sie heiße Händ habe. Verdammt Andres!

. ANDRES Was willst du?

. WOYZECK Ich muss fort.

. ANDRES Mit dem Mensch.

. WOYZECK Ich muss hinaus, s' ist so heiß da hie.

→ S. 84–89

11 Wirtshaus

Die Fenster offen, Tanz. Bänke vor dem Haus. Bursche.

. ERSTER HANDWERKSBURSCH

    Ich hab ein Hemdlein an das ist nicht mein,

    Meine Seele stinkt nach Branndewein …

5 ZWEITER HANDWERKSBURSCH Bruder, soll ich dir aus Freundschaft ein Loch in

    die Natur machen? Vorwärts! Ich will ein Loch in die Natur machen. Ich bin

    auch ein Kerl, du weißt, ich will ihm alle Flöh am Leib totschlagen.

. ERSTER HANDWERKSBURSCH Meine Seele, mei Seele stinkt nach Branndewein.

    Selbst das Geld geht in Verwesung über. Vergissmeinich! Wie ist diese Welt so

10   schön. Bruder, ich muss ein Regenfass voll greinen.[1] Ich wollt unse Nase wärn

    zwei Bouteille[2] und wir könnte sie uns einander in de Hals gießen.

. ANDRE *(im Chor)*   Ein Jäger aus der Pfalz,

    Ritt einst durch ein grünen Wald.

    Halli, halloh, gar lustig ist die Jägerei

15   Allhier auf grüner Heid.

    Das Jagen ist mei Freud.

WOYZECK *stellt sich an's Fenster.*

MARIE *und der* **TAMBOURMAJOR** *tanzen vorbei, ohne ihn zu bemerken.*

. MARIE *(im Vorbeitanzen)* Immer, zu, immer zu.

20 WOYZECK *(erstickt)* Immer zu! – immer zu! *(fährt heftig auf und sinkt zurück auf*

    die Bank) immer zu immer zu, *(schlägt die Hände ineinander)* dreht euch, wälzt

    euch. Warum bläst Gott nicht die Sonn aus, dass alles in Unzucht sich übernan-

    derwälzt, Mann und Weib, Mensch und Vieh. Tut's am hellen Tag, tut's einem

    auf den Händen, wie die Mücken. – Weib. – Das Weib ist heiß, heiß! – Immer

---

1   greinen: jammern, weinen, heulen

2   Bouteille, die: (frz.) Flasche

25 zu, immer zu. (*Fährt auf.*) Der Kerl! Wie er an ihr herumtappt, an ihrem Leib,
. er, er hat sie wie ich zu Anfang!
. **ERSTER HANDWERKSBURSCH** (*predigt auf dem Tisch*) Jedoch wenn ein Wandrer,
. der gelehnt steht an dem Strom der Zeit oder aber sich die göttliche Weisheit
. beantwortet und sich anredet: Warum ist der Mensch? Warum ist der
30 Mensch? – Aber wahrlich ich sage euch[1], von was hätte der Landmann, der
. Weißbinder[2], der Schuster, der Arzt leben sollen, wenn Gott den Menschen
. nicht geschaffen hätte? Von was hätte der Schneider leben sollen, wenn er dem
. Menschen nicht die Empfindung der Scham eingepflanzt, von was der Soldat,
. wenn Er ihn nicht mit dem Bedürfnis sich totzuschlagen ausgerüstet hätte?
35 Darum zweifelt nicht, ja ja, es ist lieblich und fein, aber alles Irdische ist eitel[3],
. selbst das Geld geht in Verwesung über. – Zum Beschluss, meine geliebten

⌐ → S. 84–89

. Zuhörer, lasst uns noch über's Kreuz pissen, damit ein Jud stirbt[4].

12 Freies Feld

WOYZECK Immer zu! Immer zu! Still Musik! (*Reckt sich gegen den Boden.*) Ha was,
was sagt ihr? Lauter, lauter, – stich, stich die Zickwolfin tot? Stich, stich die Zickwolfin tot. Soll ich? Muss ich? Hör ich's da auch, sagt's der Wind auch? Hör ich's
immer, immer zu, stich tot, tot.

13 Nacht

ANDRES *und* **WOYZECK** *in einem Bett.*

. **WOYZECK** (*schüttelt Andres*) Andres! Andres! Ich kann nit schlafe, wenn ich die
. Aug zumach, dreht sich's immer und ich hör die Geigen, immer zu, immer zu
. und dann spricht's aus der Wand, hörst du nix?
5 **ANDRES** Ja, – lass sie tanze! Gott behüt uns, Amen. (*Schläft wieder ein.*)
. **WOYZECK** Es redt immer: stich! stich! Und zieht mir zwischen den Augen wie ein
. Messer.
. **ANDRES** Du musst Schnaps trinke und Pulver drin, das schneidt das Fieber.

---

1 *Wahrlich ich sage euch*: Anspielung auf wiederkehrende Formulierungen in den vier Evangelien
2 Weißbinder, der: Maler, Anstreicher
3 *alles Irdische ist eitel*: Formulierung aus dem Buch Prediger/Kohelet aus dem Alten Testament (Prediger 1, 1)
4 Büchner lässt die Figur des Handwerksburschen hier auf einen in der Zeit weitverbreiteten antisemitischen Volksglauben Bezug nehmen, der als Machtfantasie den Wunsch nach Beherrschung und Unterdrückung der Juden widerspiegelt.

14 Wirtshaus

→ S. 38, A1

TAMBOURMAJOR. WOYZECK. *Leute.*

TAMBOURMAJOR Ich bin ein Mann! (*schlägt sich auf die Brust*) Ein Mann sag' ich. Wer will was? Wer kein besoffen Herrgott ist, der lass sich von mir. Ich will ihm die Nas ins Arschloch prügeln. Ich will – (*zu Woyzeck*) da Kerl, sauf, der Mann muss saufen, ich wollt die Welt wär Schnaps, Schnaps.

5

WOYZECK (*pfeift*)

TAMBOURMAJOR Kerl, soll ich dir die Zung aus dem Hals ziehe und sie um den Leib herumwickle? (*Sie ringen, Woyzeck verliert.*) Soll ich dir noch soviel Atem lassen als en Altweiberfurz, soll ich?

10 WOYZECK (*setzt sich erschöpft zitternd auf die Bank*)

TAMBOURMAJOR   Der Kerl soll dunkelblau pfeifen.
Ha. Branndewein das ist mein Leben,
Branntwein gibt Courage[1]!

EINE Der hat sei Fett.

15 ANDRE Er blut.

→ S. 38, A1

WOYZECK Eins nach dem andern.

15 Kramladen

WOYZECK. DER JUDE.

WOYZECK Das Pistolche ist zu teuer.

JUD Nu, kauft's oder kauft's nit, was is?

WOYZECK Was kost das Messer?

5 JUD S' ist ganz, grad. Wollt Ihr Euch den Hals mit abschneide? Nu, was is es? Ich geb's Euch so wohlfeil wie ein andrer, Ihr sollt Euern Tod wohlfeil haben, aber doch nit umsonst. Was is es? Er soll nen ökonomischen Tod habe.

WOYZECK Das kann mehr als Brot schneide.

JUD Zwee Grosche.

10 WOYZECK Da! (*Geht ab.*)

JUD Da! Als ob's nichts wär. Und s' is doch Geld. Der Hund.

---

1 Courage, die: (frz.) Mut, Entschlossenheit, Selbstbewusstsein

16 Kammer

MARIE. DER NARR.

MARIE *(blättert in der Bibel)* „Und ist kein Betrug in seinem Munde erfunden"[1] –
Herrgott! Herrgott! Sieh mich nicht an. *(Blättert weiter.)* „Aber die Pharisäer
brachten ein Weib zu ihm, im Ehebruch begriffen und stelleten sie in's Mittel
dar. – Jesus aber sprach: So verdamme ich dich auch nicht. Geh hin und sündige
hinfort nicht mehr."[2] *(Schlägt die Hände zusammen.)* Herrgott! Herrgott! Ich
kann nicht. Herrgott gib mir nur so viel, dass ich beten kann. *(Das Kind drängt
sich an sie.)* Das Kind gibt mir einen Stich in's Herz. Karl! Das brüst sich in der
Sonne!

NARR *(liegt und erzählt sich Märchen an den Fingern)* Der hat die golden Kron, der
Herr König. Morgen hol' ich der Frau Königin ihr Kind. Blutwurst sagt: komm
Leberwurst! *(Er nimmt das Kind und wird still.)*

MARIE Der Franz ist nit gekomm, gestern nit, heut nit, es wird heiß hier.
(Sie macht das Fenster auf.)
„Und trat hinein zu seinen Füßen und weinete und fing an seine Füße zu netzen
mit Tränen und mit den Haaren ihres Hauptes zu trocknen und küssete seine
Füße und salbete sie mit Salben."[3] *(Schlägt sich auf die Brust.)* Alles tot! Heiland,
Heiland, ich möchte dir die Füße salben.

17 Kaserne

ANDRES. WOYZECK *kramt in seinen Sachen.*

WOYZECK Das Kamisolche[4], Andres, ist nit zur Montur[5], du kannst's brauche
Andres. Das Kreuz is meiner Schwester und das Ringlein, ich hab auch noch ein
Heiligen, zwei Herze und schön Gold, es lag in meiner Mutter Bibel, und da
steht:

Leiden sei all mein Gewinst[6],
Leiden sei mein Gottesdienst.

---

1   *Und ist kein Betrug in seinem Munde erfunden:* Gemeint ist der erste Brief Petrus 2, 22: *er* [Christus],
    der keine Sünde getan hat und in dessen Mund sich kein Betrug fand.

2   *Aber die Pharisäer ... hinfort nicht mehr:* Zitat aus dem Neuen Testament, Evangelium nach Johannes
    (8, 3 u. 11)

3   *Und trat hinein zu seinen Füßen ... salbete sie mit Salben:* Zitat aus dem Neuen Testament, Evangelium nach
    Lukas (7, 38).

4   Kamisol, das: Unterjacke, Wams

5   Montur, die: Uniform, Dienstkleidung

6   Gewinst, der: Belohnung, Gewinn

Herr wie dein Leib war rot und wund,

so lass mein Herz sein aller Stund.[1]

10 Mei Mutter fühlt nur noch, wenn ihr die Sonn auf die Händ scheint. Das tut nix.

ANDRES *(ganz starr, sagt zu allem)* Ja wohl.

WOYZECK *(zieht ein Papier hervor)* Friedrich Johann Franz Woyzeck, Wehrmann, Füsilir[2] im 2. Regiment, 2. Bataillon, 4. Compagnie, geb. Mariä Verkündigung[3], ich bin heut alt 30 Jahr, 7 Monat und 12 Tage.

15 **ANDRES** Franz, du kommst in's Lazarett. Armer, du musst Schnaps trinke und Pulver drin, das töt das Fieber.

WOYZECK Ja Andres, wann der Schreiner die Hobelspän[4] sammlet, es weiß niemand, wer sein Kopf drauf lege wird.

→ S. 51, A6

18 Der Hof des Doktors

Studenten unten, der **DOKTOR** *am Dachfenster.*

DOKTOR Meine Herrn, ich bin auf dem Dach, wie David, als er die Bathseba sah;[5] aber ich sehe nichts als die culs de Paris[6] der Mädchenpension im Garten trocknen. Meine Herrn wir sind an der wichtigen Frage über das Verhältnis des

5 Subjekts zum Objekt. Wenn wir nur eins von den Dingen nehmen, worin sich die organische Selbstaffirmation[7] des Göttlichen, auf einem so hohen Standpunkte manifestiert[8], und ihr Verhältnis zum Raum, zur Erde, zum Planetarischen untersuchen, meine Herrn, wenn ich diese Katze zum Fenster hinauswerfe, wie wird diese Wesenheit sich zum centrum gravitationis[9] und dem

10 eigenen Instinkt verhalten? He Woyzeck, *(brüllt)* Woyzeck!

WOYZECK Herr Doktor, sie beißt.

DOKTOR Kerl, er greift die Bestie so zärtlich an, als wär's seine Großmutter.

WOYZECK Herr Doktor, ich hab's Zittern.

DOKTOR *(ganz erfreut)* Ei, ei, schön Woyzeck. *(Reibt sich die Hände. Er nimmt die*

15 *Katze.)* Was seh' ich meine Herrn, die neue Spezies Hasenlaus, eine schöne Spezies, *(er zieht eine Lupe heraus)* meine Herren – *(die Katze läuft fort)* Meine

---

1   *Leiden sei … aller Stund*: Gemeint ist das *Lied eines Kranken* von Christian Friedrich Richter (1676-1711).

2   Füsilier, der: Soldat im niedrigsten Dienstgrad der Infanterie

3   Mariä Verkündigung: 25. März

4   Hobelspän, die: Das Sargkissen war früher oft mit Hobelspänen gefüllt.

5   *ich bin auf dem Dach, wie David, als er die Bathseba sah*: Anspielung auf das 2. Buch Samuel 11, 2; David sah vom Dach aus eine schöne Frau, die sich wusch.

6   culs de Paris: (frz.) wörtlich „Pariser Gesäß"; Gesäßpolster, das unter dem Kleid getragen wurde.

7   Affirmation, die: Bejahung, Versicherung, Bestätigung

8   manifestieren: deutlich werden, sich offenbaren

9   centrum gravitationis: (lat.) Gravitationszentrum (Erdanziehung)

Herrn, das Tier hat keinen wissenschaftlichen Instinkt. Meine Herrn, Sie
können dafür was anders sehen, sehn Sie, der Mensch, seit einem Vierteljahr isst
er nichts als Erbsen, beachten Sie die Wirkung, fühlen Sie einmal was ein
20   ungleicher Puls, da und die Augen.

WOYZECK Herr Doktor, es wird mir dunkel. (*Er setzt sich.*)

DOKTOR Courage![1] Woyzeck noch ein Paar Tage, und dann ist's fertig, fühlen Sie
meine Herrn fühlen Sie. (*Sie betasten ihm Schläfe, Puls und Busen.*)
À propos[2], Woyzeck, beweg den Herrn doch einmal die Ohren, ich hab es Ihnen
25   schon zeigen wollen. Zwei Muskeln sind bei ihm tätig. Allons[3] frisch!

WOYZECK Ach Herr Doktor!

DOKTOR Bestie, soll ich dir die Ohren bewegen, willst du's machen wie die Katze!
So meine Herrn, das sind so Übergänge zum Esel, häufig auch in Folge weibli-
cher Erziehung und die Muttersprache. Wieviel Haare hat dir die Mutter zum
30   Andenken schon ausgerissen aus Zärtlichkeit? Sie sind dir ja danz dünn
geworden, seit ein Paar Tagen, ja die Erbsen, meine Herren.

→ S. 51, A6

19 Marie mit Mädchen vor der Haustür

MÄDCHEN   Wie scheint die Sonn St. Lichtmesstag[4]
                      Und steht das Korn im Blühn.
                      Sie gingen wohl die Straße hin,
                      Sie gingen zu zwei und zwein.
5   Die Pfeifer gingen vorn,
                      Die Geiger hinte drein.
                      Sie hatte rote Sock …

ERSTES KIND S' ist nit schön.

ZWEITES KIND Was willst du auch immer!

10 **DRITTES KIND** Was hast zuerst anfangen?

ZWEITES KIND Warum?

ERSTES KIND Darum!

ZWEITES KIND Aber warum darum?

DRITTES KIND Es muss singen – ? (*Sieht sich fragend im Kreise um und zeigt auf
15   das 1. Kind.*)

ERSTES KIND Ich kann nit.

ALLE KINDER Marieche sing du uns.

---

1   Courage, die: (frz.) Mut, Entschlossenheit

2   à propos: (frz.) etwas betreffend, im Bezug auf

3   Allons: (frz., Interjektion) Los! Auf geht's!

4   (Mariä) Lichtmess: 2. Februar; kirchlicher Festtag zum Gedächtnis an die Darbringung Christi im Tempel
    und die Reinigung Marias.

MARIE Kommt ihr klei Krabben!

                        Ringle, ringel Rosenkranz. König Herodes.

20   Großmutter erzähl.

→ S. 54,
A1–A6 PLUS

GROSSMUTTER Es war einmal ein arm Kind und hat kei Vater und kei Mutter war
alles tot und war niemand mehr auf der Welt. Alles tot, und es ist hingangen
und hat greint[1] Tag und Nacht. Und weil auf der Erd niemand mehr war, wollt's
in Himmel gehn, und der Mond guckt es so freundlich an und wie's endlich

25   zum Mond kam, war's ein Stück faul Holz und da ist es zur Sonn gangen und
wie's zur Sonn kam, war's ein verreckt Sonneblum und wie's zu den Sterne kam,
warens klei golde Mück, die waren angesteckt wie der Neuntöter[2] sie auf die
Schlehe[3] steckt und wie's wieder auf die Erd wollt, war die Erd ein umgestürzter
Hafen[4] und war ganz allein und da hat sich's hingesetzt und geweint und da sitzt

→ S. 54,
A1–A6 PLUS

30   es noch und ist ganz allein.

WOYZECK Marie!

MARIE *(erschreckt)* Was ist?

WOYZECK Marie, wir wolln gehn. S' ist Zeit.

MARIE Wohinaus?

35 WOYZECK Weiß ich's?

20 Abend. Die Stadt in der Ferne

MARIE *und* WOYZECK.

MARIE Also dort hinaus ist die Stadt. S' ist finster.

WOYZECK Du sollst noch bleiben. Komm setz dich.

MARIE Aber ich muss fort.

5 WOYZECK Du wirst dir die Füß nicht wund laufen.

MARIE Wie bist du nur auch!

WOYZECK Weißt du auch wie lang es just[5] ist, Marie?

MARIE An Pfingsten zwei Jahr.

WOYZECK Weißt du auch wie lang es noch sein wird?

10 MARIE Ich muss fort das Nachtessen richten.

WOYZECK Friert's dich, Marie? Und doch bist du warm. Was du heiße Lippen hast!
(heiß, heiß Hurenatem und doch möcht' ich den Himmel geben sie noch einmal
zu küssen) und wenn man kalt ist, so friert man nicht mehr.

---

1   greinen: weinen, jammern, klagen

2   Neuntöter, der: Vogel

3   Schlehe, die: stark verzweigter, dorniger Strauch

4   Hafen, der: hier: Topf, auch: Nachttopf

5   just: gerade, eben, in diesem Moment

Du wirst vom Morgentau nicht frieren.

15 **MARIE** Was sagst du?

WOYZECK Nix. (*Schweigen.*)

MARIE Was der Mond rot aufgeht.

WOYZECK Wie ein blutig Eisen.

MARIE Was hast du vor? Franz, du bist so blass. (*Er zieht das Messer.*) Franz halt!

20 Um des Himmels Willen, Hü- Hülfe!

WOYZECK Nimm das und das! Kannst du nicht sterben? So! so! Ha sie zuckt noch, noch nicht, noch nicht? Immer noch? (*Stößt zu.*) Bist du tot? Tot! Tot! (*Es kommen Leute, läuft weg.*)

21 Es kommen Leute

ERSTE PERSON Halt!

ZWEITE PERSON Hörst du? Still! Da!

ERSTE PERSON Uu! Da! Was ein Ton.

ZWEITE PERSON Es ist das Wasser, es ruft, schon lang ist niemand ertrunken.

5 Fort, s' ist nicht gut, es zu hören.

ERSTE PERSON Uu jetzt wieder. Wie ein Mensch, der stirbt.

ZWEITE PERSON Es ist unheimlich, so dunstig, allenthalb Nebel, grau und das Summen der Käfer wie gesprungne Glocken. Fort!

ERSTE PERSON Nein, zu deutlich, zu laut. Da hinauf. Komm mit.

22 Das Wirtshaus

WOYZECK Tanzt alle, immer zu, schwitzt und stinkt, er holt euch doch einmal alle.

(*Singt*) Frau Wirtin hat 'ne brave Magd,

Sie sitzt im Garten Tag und Nacht,

Sie sitzt in ihrem Garten,

5 Bis dass das Glöcklein zwölfe schlägt,

Und passt auf die Soldaten.

(*Er tanzt.*) So Käthe! Setz dich! Ich hab heiß, heiß, (*er zieht den Rock aus*) es ist eimal so, der Teufel holt die eine und lässt die andre laufen. Käthe du bist heiß! Warum denn? Käthe du wirst auch noch kalt werden. Sei vernünftig. Kannst du

10 nicht singen?

KÄTHE Ins Schwabeland das mag ich nicht,

Und lange Kleider trag ich nicht,

Denn lange Kleider spitze Schuh,

Die kommen keiner Dienstmagd zu.

15 **WOYZECK** Nein, keine Schuh, man kann auch ohne Schuh in die Höll gehn.

KÄTHE *(tanzt)* O pfui mein Schatz das war nicht fein.

Behalt dei Taler und schlaf allein.

WOYZECK Ja wahrhaftig! Ich möchte mich nicht blutig machen.

KÄTHE Aber was hast du an deiner Hand?

20 WOYZECK Ich? Ich?

KÄTHE Rot, Blut! *(Es stellen sich Leute um sie.)*

WOYZECK Blut? Blut.

WIRT Uu Blut.

WOYZECK Ich glaub ich hab' mich geschnitten, da an der rechten Hand.

25 WIRT Wie kommt's aber an den Ellenbogen?

WOYZECK Ich hab's abgewischt.

WIRT Was mit der rechten Hand an den rechten Ellenbogen? Ihr seid geschickt.

NARR Und da hat der Ries gesagt: ich riech, ich riech, ich riech Menschefleisch.

Puh! Das stinkt schon.

30 WOYZECK Teufel, was wollt ihr? Was geht's euch an? Platz! Oder der erste – Teufel!

Meint ihr ich hätt jemand umgebracht? Bin ich Mörder? Was gafft ihr! Guckt

euch selbst an! Platz da! *(Er läuft hinaus.)*

23 Abend. Die Stadt in der Ferne

WOYZECK *allein.*

Das Messer? Wo ist das Messer? Ich hab' es da gelassen. Es verrät mich! Näher,

noch näher! Was ist das für ein Platz? Was hör ich? Es rührt sich was. Still. Da in

der Nähe. Marie? Ha Marie! Still. Alles still! (Was bist du so bleich, Marie? Was

5 hast du eine rote Schnur um den Hals? Bei wem hast du das Halsband verdient,

mit deinen Sünden? Du warst schwarz davon, schwarz! Hab ich dich jetzt

gebleicht. Was hänge die schwarze Haar, so wild? Hast du die Zöpfe heut nicht

geflochten?) Da liegt was! Kalt, nass, stille. Weg von dem Platz. Das Messer, das

Messer, hab ich's? So! Leute. – Dort. *(Er läuft weg.)*

24 Woyzeck an einem Teich

So da hinunter! *(Er wirft das Messer hinein.)* Es taucht in das dunkle Wasser, wie

ein Stein! Der Mond ist wie ein blutig Eisen! Will denn die ganze Welt es

ausplaudern? Nein es liegt zu weit vorn, wenn sie sich baden, *(er geht in den*

Teich und wirft weit) so jetzt – aber im Sommer, wenn sie tauchen nach

5 Muscheln, bah es wird rostig. Wer kann's erkennen – hätt' ich es zerbrochen! Bin

ich noch blutig? Ich muss mich waschen. Da ein Fleck und da noch einer.

25 Straße

Kinder.

ERSTES KIND Fort! Mariechen!

ZWEITES KIND Was is?

ERSTES KIND Weißt du's nit? Sie sind schon alle hinaus. Drauß liegt eine!

5 **ZWEITES KIND** Wo?

ERSTES KIND Links über die Lochschanz in dem Wäldche, am roten Kreuz.

ZWEITES KIND Fort, dass wir noch was sehen. Sie tragen's sonst hinein.

26 Gerichtsdiener. Arzt. Richter

GERICHTSDIENER Ein guter Mord, ein echter Mord, ein schöner Mord, so schön als man ihn nur verlangen tun kann, wir haben schon lange so kein gehabt.

27 Der Idiot. Das Kind. Woyzeck

KARL *(hält das Kind vor sich auf dem Schoß)* Der is in's Wasser gefallen, der is in's Wasser gefalln, wie, der is in's Wasser gefalln.

WOYZECK Bub, Christian.

KARL *(sieht ihn starr an)* Der is in's Wasser gefalln.

5 **WOYZECK** *(will das Kind liebkosen, es wendet sich weg und schreit.)* Herrgott!

KARL Der is in's Wasser gefalln.

WOYZECK Christianche, du bekommst en Reuter[1], sa, sa. *(Das Kind wehrt sich. Zu Karl.)* Da kauf dem Bub en Reuter.

10 **KARL** *(sieht ihn starr an)*

WOYZECK Hop! Hop! Ross.

KARL *(jauchzend)* Hop! Hop! Ross! Ross! *(Läuft mit dem Kind weg.)*

---

1 Reuter, der: Reiter

Panorama

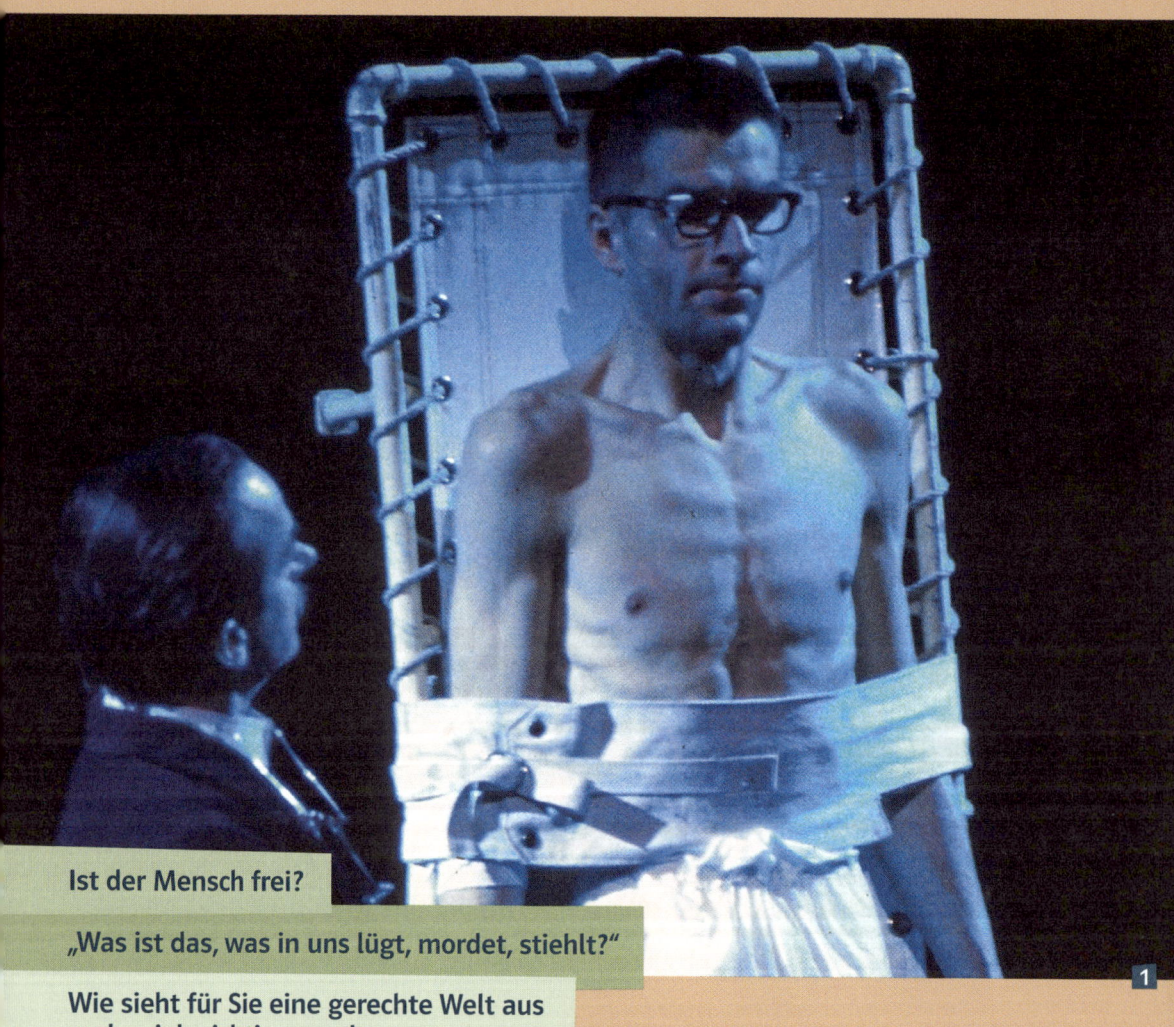

Ist der Mensch frei?

„Was ist das, was in uns lügt, mordet, stiehlt?"

Wie sieht für Sie eine gerechte Welt aus
und – viel wichtiger noch –
wie ließe sich diese realisieren?

Hat Dichtung einen „Auftrag"?

Abbildung 1: *Woyzeck*-Inszenierung am Thalia-Theater in Hamburg 1990, Regie: Jürgen Flimm
Abbildung 2: Im Jahr 2020 waren in Deutschland über 400.000 Menschen wohnungslos.
Abbildung 3: 2011 wurde in Deutschland die allgemeine Wehrpflicht ausgesetzt.
Abbildung 4: *Equal Pay Day*, Karikatur von 2021

1 Tauschen Sie sich über Ihre Eindrücke zu den Bildern aus.

2 Diskutieren Sie mögliche Zusammenhänge zwischen den Bildern.

I Erarbeitung

„Sehn Sie die Kreatur, wie sie Gott gemacht …"

A „Mensch […] du bist geschaffe Staub, Sand, Dreck. Willst du mehr sein, als Staub, Sand, Dreck?"

(Woyzeck)

B „Jeder Mensch ist ein Abgrund, es schwindelt einem, wenn man hinabsieht"

(Woyzeck, Erste Fassung, H2)

C „Es schaudert mich, wenn ich denke, dass sich die Welt in einem Tag herumdreht. Was für 'ne Zeitverschwendung!"

(Hauptmann)

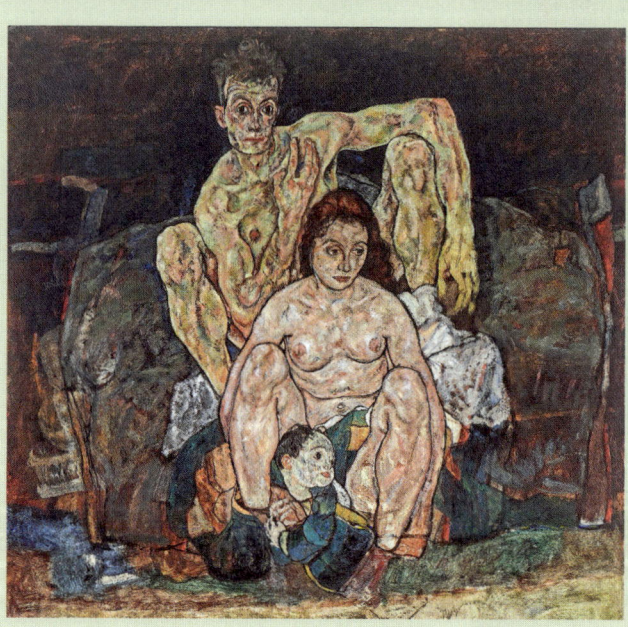

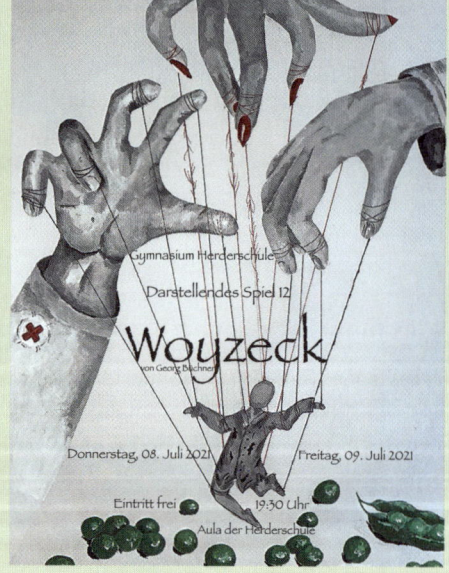

Egon Schiele (1890–1918): *Die Familie* (Öl auf Leinwand, 1918)

1 Worum könnte es im *Woyzeck* gehen? Was könnte konkret auf der Bühne passieren?

2 Welche inneren oder äußeren Konflikte könnten im Werk – auf abstrakter Ebene – ausgestaltet sein? Beachten Sie auch das Figurenverzeichnis.

3 Berühren Sie diese Themen und Konflikte heute, fast 200 Jahre nach der Entstehung des Dramas, noch? Berücksichtigen Sie in Ihren Überlegungen auch die Bilder auf der Panorama-Seite.

1 Ein Handlungsmotiv erfassen

„Wie ein offnes Rasiermesser"

Susi Wimmer: „Ich habe gerade meine Freundin umgebracht" (Süddeutsche Zeitung, 17. Mai 2010)

Ganz ruhig stand T. am Donnerstag kurz vor Mitternacht in der Schwabinger Polizeiwache an der Johann-Fichte-Straße und erklärte den Beamten: „Ich habe gerade meine Freundin umgebracht."
5 Tatsächlich fand die Polizei wenig später in der Wohnung im Viertel Studentenstadt die Leiche der Frau sowie den Kadaver ihres Hundes. Beide fein säuberlich zugedeckt. Der 30-jährige Student, vor kurzem in psychiatrischer Behandlung, behauptete, er habe
10 der Frau aus Eifersucht die Kehle durchschnitten.
Hermann-Vogel-Straße, Freitagmorgen. In der schmalen Einbahnstraße im Münchner Norden stehen schmucke Einfamilienhäuser, blühende Vorgärten, nur ein paar Gehminuten ist der Englische
15 Garten entfernt.
Hier, in einem flachen gelben Mehrfamilienhaus, hat sich wenige Stunden zuvor das Familiendrama abgespielt. „Ein Mord, hier?", fragt der Nachbar von gegenüber ungläubig. Er und die Nachbarin gegen-
20 über kennen das Pärchen mit dem großen schwarzen Hund nur vom Sehen.

Sabine B. hieß die Frau. Eine 28-jährige Studentin der Psychologie, gebürtig in Oberbayern. Vor neun Jahren lernte sie T. kennen. Ein Hesse, der nach München kam, um Geschichte zu studieren. 25
Seit drei Jahren wohnten sie gemeinsam in der Siedlung nahe des Nordfriedhofs. Was sich am Donnerstag gegen 22 Uhr in der Eckwohnung an der Hermann-Vogel-Straße genau zugetragen hat, muss die Mordkommission rekonstruieren. 30
Nach Darstellung des Täters habe seine Freundin ihm an diesem Abend eine Affäre mit einem anderen Mann gestanden. Als sie dann später am Schreibtisch saß, sei er in die Küche gegangen, habe ein etwa 25 Zentimeter langes Messer aus der Schublade 35 geholt und ihr die Klinge von hinten an den Hals gesetzt und sie getötet.
Anschließend stach er dem schwarzen Retrieverrüden „Jimmy" das Messer ins Herz. Dann schleppte er die Leiche der Frau auf das Bett und deckte sie zu 40 und warf auf den toten Hund ebenfalls eine Decke. Dann zog er sich an und ging zur Polizei.

Alexandre Lacassagne: Ursachen der Kriminalität (1913)

Lacassagne (1843–1924), Gründer einer einflussreichen Kriminologie-Schule in Lyon, rief die „kriminologische Anthropologie" ins Leben und setzte den Schwerpunkt auf Umwelteinflüsse, wenngleich der Umweltdeterminismus seiner Ansicht nach weder erbliche Fragen noch physische Anomalien ausschließe.

I Das soziale Umfeld ist die Nährlösung der Kriminalität; der Erreger ist der Verbrecher, ein Faktor, der keine Bedeutung hat bis zu dem Tag, wo er die Nahrung findet, die ihn gären lässt.

II Die Gerechtigkeit geht ein, das Gefängnis verleitet 5 zu verachtenswerten Handlungen und die Gesellschaft hat die Verbrecher, die sie verdient.

1 **a)** Entwickeln Sie ein fiktives Szenario, in dem eine bisher unauffällige Person zur Mörderin/zum Mörder wird. Stellen Sie die Motive und Ursachen hierfür konkret heraus.
   b) Kann wirklich jeder Mensch zum Mörder werden? Nehmen Sie Stellung zu dieser Frage.
   c) Fassen Sie den Zeitungsbericht zusammen und stellen Sie dabei die Mordmotive von T. heraus. Überlegen Sie, welche impliziten Ursachen zudem wirksam geworden sein könnten.

2 Setzen Sie Ihre Ergebnisse aus Aufgabe 1 mit den Thesen des Kriminologen Alexandre Lacassagne in Beziehung. Diskutieren und gewichten Sie diese anschließend.

2 Die Handlung begreifen

„Wir arme Leut!"

Szene (mit Angabe des Handlungsortes und der auftretenden Figuren)	Inhalt der Szene bzw. des Dialoges	Kommentar (offene Fragen, Gedanken, Gefühle etc.)
(1)		
(2)		

1 Legen Sie eine Tabelle nach obigem Muster an und füllen Sie diese lektürebegleitend für alle Dramenszenen aus.

MK **2** Teilen Sie den Text digital an einem für Ihren Kurs zugänglichen Ort. Tauschen Sie sich mithilfe der Kommentarfunktion über Ihre Fragen an den Text aus und versuchen Sie, diese untereinander zu klären. Sprechen Sie außerdem über Ihre Assoziationen, z.B. zu Bezügen zu anderen Lektüren, themengleichen Songs, vertrauten Alltags-situationen …

MK **3** Verteilen Sie die wichtigsten Szenen auf Kleingruppen. Formulieren Sie zu den Szenen mindestens eine Frage mit unter-schiedlichen Antworten, von denen nur eine korrekt ist. Gestalten Sie ein digitales Quiz, z.B. mithilfe von Quiz-Apps. Sie können das Quiz anschließend zur Sicherung des Hand-lungsverständnisses im Kurs, allein oder in Gruppen spielen.

4 Stellen Sie die einzelnen Handlungsstränge des Dramas mit den dazugehörigen Figuren in einem Schaubild dar, z.B. nach folgendem Muster:

> **ÜBRIGENS**
>
> Büchner konnte wegen seines frühen Todes *Woyzeck* nicht fertigstellen. Das Stück ist als Fragment in mehreren Ent-wurfsfassungen überliefert, deren Tinte z.T. verblasst ist. Der Schriftsteller und Publizist Karl Emil Franzos (1848–1904) ließ 1879 erstmalig eine Fassung veröffentlichen, in die er stark eingegriffen hatte. 1913 wurde das Drama am Theater in München urauf-geführt. Seitdem fordert *Woyzeck* auch in-ternational und in den unterschiedlichsten medialen Umsetzungen immer wieder zu neuen Interpretationen heraus.

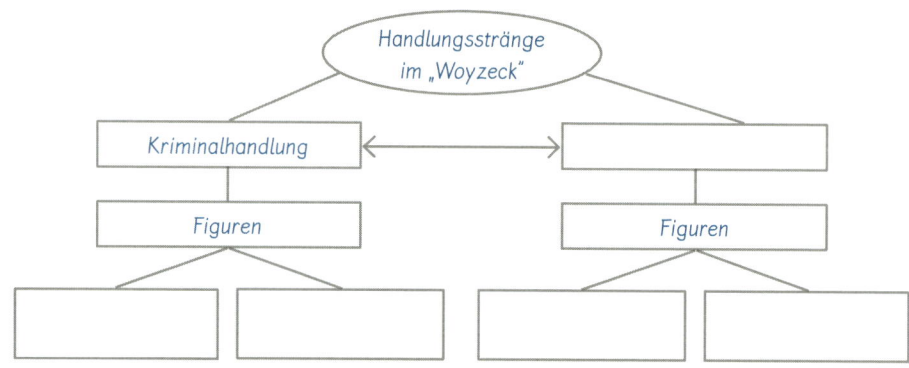

5 Erstellen Sie auf der Textgrundlage des *Woyzeck* in Partnerarbeit ein neues Drama mit einer anderen Szenenfolge.
- Ordnen Sie entweder den digitalen Text oder einen in die einzelnen Szenen zerschnittenen Ausdruck nach Ihren Vorstellungen neu an.
- Stellen Sie Ihre Ergebnisse im Kurs vor und begründen Sie Ihre Szenenanordnung.
- Diskutieren Sie, wie sich das Textverständnis durch eine andere Szenenfolge verändert.
- Erläutern Sie vor diesem Hintergrund das Problem, vor dem die Literaturwissenschaft bei der Beschäftigung mit einem Fragment wie *Woyzeck* steht.

Ausschnitt aus:
Andreas Eikenroth: *Woyzeck*,
hrsg. von Uwe Garske und
Thomas Schützinger,
Edition 52, Wuppertal 2019

→ Szene 1, S. 9

6 a) Lesen Sie Szene 1 *Freies Feld* und benennen Sie die Themen, Motive sowie Charaktereigenschaften der Hauptfigur, welche die Graphic Novel hier bildlich umsetzt.
b) Diskutieren Sie, ob es sich um eine gelungene Transformation des Dramentextes handelt.

 **Exposition**
01 S. 31f.

7 Eine Exposition ist die Einführung der Leserinnen und Leser in die Ausgangssituation (Setting) eines Dramas (Konflikt, Zeit und Ort der Handlung) sowie in die wichtigsten Figuren. Diskutieren Sie, inwiefern die Szene *Freies Feld* expositorischen Charakter hat.

3 Die Akteure analysieren

„Geht doch alles zum Teufel, Mann und Weib."

Eine Dreiecksgeschichte: Marie, Woyzeck, Tambourmajor

Inszenierung am Thalia-Theater in Hamburg 2003,
Regie: Michael Thalheimer

Inszenierung am Schauspiel Frankfurt a. M.
2017, Regie: Roger Vontobel

→ Szenen
2, S. 9 f.
4, S. 13 f.
6, S. 15 f.
7, S. 16
14, S. 23

1 Gestalten Sie Standbilder zu den Szenen 2, 4, 6, 7 und 14, in denen Marie, Woyzeck und der Tambourmajor auftreten, und diskutieren Sie Ihre Ergebnisse.
  – Bilden Sie Vierergruppen und verteilen Sie die Szenen untereinander.
  – Gestalten Sie in Ihrer Gruppe ein Standbild zu Ihrer Szene, in dem die Beziehung der drei Figuren zueinander sowie deren Charaktereigenschaften deutlich werden.
  – Erweitern Sie das Standbild mithilfe der Alter-Ego-Technik: Das vierte Gruppenmitglied tritt nacheinander hinter die einzelnen Figuren und bringt diese zum Sprechen – entweder mit eigenen Worten oder mit dem passenden Textzitat.

2 Vergleichen Sie Ihre Standbilder mit den Fotos von den *Woyzeck*-Inszenierungen.

3 Sammeln Sie in Clustern, welche Handlungsmotive und Wünsche die einzelnen Figuren antreiben. Erstellen Sie anschließend ein Schaubild zur Beziehungskonstellation.

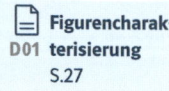
Figurencharak-
D01 terisierung
S. 27

4 Arbeiten Sie heraus, wie Marie mit ihrer Untreue umgeht. Achten Sie auch auf ihren Nachnamen. Verfassen Sie eine kurze Charakterisierung zu Marie.

SO GEHT'S **Figurencharakterisierung**

MARIE *(bespiegelt sich)* Was die Steine glänze! Was sind's für? Was hat er gesagt? – Schlaf Bub! Drück die Auge zu, fest, *(das Kind versteckt die Augen hinter den Händen)* [...]	Sehnsucht nach Materiellem; fühlt sich aufgewertet durch den Schmuck (Spiegel als Symbol der Selbsterkenntnis, auch Narzissmus)
5 *(Spiegelt sich wieder.)* S' ist gewiss Gold! Unseins hat nur ein Eckchen in der Welt und ein Stückchen Spiegel und doch hab' ich einen so roten Mund als die großen Madamen mit ihren Spiegeln von oben bis unten und ihren schönen	Lebensumstände: Klage über Armut, soziale Not sexuelle Attraktivität Vergleich mit sozial Privilegierten
10 Herrn, die ihnen die Händ küssen, ich bin nur ein arm Weibsbild. – [...]	
(Woyzeck tritt herein, hinter sie. Sie fährt auf mit den Händen nach den Ohren.)	erschrocken, will die Beweise für ihre Untreue verbergen
WOYZECK Was hast du?	
15 MARIE Nix.	
WOYZECK Unter deinen Fingern glänzt's ja.	
MARIE Ein Ohrringlein; hab's gefunden.	unehrliche Antwort
WOYZECK Ich hab so noch nix gefunden. Zwei auf einmal.	Unehrlichkeit in der Beziehung, kein Vertrauen, nur Misstrauen
20 MARIE Bin ich ein Mensch?	Frage nach der eigenen Wertigkeit (weiß um ihren Lug und Betrug)
WOYZECK S' ist gut, Marie. – Was der Bub schläft. Greif' ihm unter's Ärmchen der Stuhl drückt ihn. Die hellen Tropfen steh'n ihm auf der Stirn; alles Arbeit unter der Sonn, sogar Schweiß im	Kontrast: Fürsorglichkeit des Vaters, Treusorge
25 Schlaf. Wir arme Leut! Da is wieder Geld, Marie, die Löhnung und was von mein'm Hauptmann.	Lebensumstände: soziales Elend, Arbeit, Schweiß und Schlafmangel in Unterschicht
MARIE Gott vergelt's Franz.	Marie ist finanziell abhängig, kein liebevoller Dank, bloß depersonalisierte Floskel
[...]	
MARIE *(allein, nach einer Pause)* Ich bin doch ein	
30 schlecht Mensch. Ich könnt' mich erstechen. – Ach! Was Welt? Geht doch alles zum Teufel, Mann und Weib.	Reflexion, Reue, Vorausdeutung auf Dramenende, Nihilismus

Marie strebt mithilfe ihrer körperlichen Reize nach gesellschaftlichem Aufstieg und der Verbesserung ihrer bescheidenen sozialen Existenz. Sie ist Woyzeck gegenüber untreu und belügt ihn über die Herkunft ihrer Ohrringe; wichtig ist ihr allein, dass Woyzeck sie finanziell unterstützt. Marie ist sich ihres moralischen Fehlverhaltens bewusst, findet aber angesichts der Hoffnungslosigkeit ihrer Lage nicht die Kraft sich zu ändern.

→ Szene 7, S. 16

5 Verfassen Sie auf Basis der Szene 7 *Auf der Gasse* in der Rolle der Marie oder des Woyzeck einen inneren Monolog über die Begegnung. Artikulieren Sie die Gedanken und Gefühle Ihrer gewählten Figur.

6 Notieren Sie erste Gründe für Woyzecks Mord an der Mutter ihres gemeinsamen Kindes.

Sprache und Dialoggestaltung der Figuren

A „Sehn Sie Herr Doktor, manchmal hat einer so n'en Charakter, so n'e Struktur."
(Woyzeck, Szene 8)

B „Woyzeck Er hat die schönste aberratio mentalis partialis, die zweite Spezies, sehr schön ausgeprägt."
(Der Doktor, Szene 8)

C „Herr Doktor erschrecken Sie mich nicht, es sind schon Leute am Schreck gestorben, am bloßen hellen Schreck."
(Hauptmann, Szene 9)

1 Beschreiben Sie ausgehend von den Textbeispielen den Sprachgebrauch der einzelnen Figuren und erläutern Sie, welche Rückschlüsse sich auf die Charaktere ziehen lassen.

2 Nennen Sie Beispiele für die Sprache einzelner Figuren im Werk, die aus unterschiedlichen sozialen Milieus bzw. Schichten stammen. Arbeiten Sie präzise heraus, welche außersprachlichen Faktoren auf welche Weise den Sprachgebrauch der Figur(en) beeinflussen.

→ Szene 8, S.16ff.

3 Analysieren Sie den Dialog zwischen Woyzeck und dem Doktor (Szene 8). Achten Sie auf die Sprachverwendung der Dialogpartner. Skizzieren Sie die Schlüsse, die sich daraus bezogen auf den Charakter der Figuren ziehen lassen.

SO GEHT'S **Dialoganalyse**

DOKTOR Ich hab's gesehn, Woyzeck; Er hat
auf die Straß gepisst, an die Wand gepisst
wie ein Hund. Und doch zwei Groschen täglich. Woyzeck das ist schlecht. Die Welt wird
5 schlecht, sehr schlecht.
WOYZECK Aber Herr Doktor, wenn einem die
Natur kommt.
DOKTOR Die Natur kommt, die Natur kommt!
Die Natur! Hab' ich nicht nachgewiesen, dass
10 der musculus constrictor vesicae dem Willen
unterworfen ist? Die Natur! Woyzeck, der
Mensch ist frei, in dem Menschen verklärt sich
die Individualität zur Freiheit. Den Harn nicht
halten können! [...] Hat Er schon seine Erbsen
15 gegessen, Woyzeck? – Es gibt eine Revolution
in der Wissenschaft, ich sprenge sie in die Luft.
Harnstoff 0,10, salzsaures Ammonium, Hyperoxydul.
Woyzeck, muss Er nicht wieder pissen?
20 Geh' Er eimal hinein und probier Er's.
WOYZECK Ich kann nit Herr Doktor.

Thema/Gegenstand
kontrastive Auffassungen zur Willensfreiheit (Doktor postuliert Freiheit des Menschen, Woyzeck verweist auf natürliche Zwänge), Woyzecks Psychose wegen der Erbsendiät

Sprechabsicht
Woyzeck: ist dem Doktor ausgeliefert, muss sich Befragung/Beobachtung unterziehen (Objekt der Wissenschaft)
Doktor: weitere Ausbeutung (geringer Lohn) Woyzecks für Experiment

Gesprächsanteile
Woyzeck: gering (inferiore Rolle)
Doktor: hoch (superiore Rolle)

DOKTOR *(mit Affekt)* Aber an die Wand pissen!
Ich hab's schriftlich, den Akkord in der Hand. Ich
hab's gesehn, mit diesen Augen gesehn, ich steckt
25 grade die Nase zum Fenster hinaus und ließ die
Sonnstrahlen hineinfallen, um das Niesen zu
beobachten. *(Tritt auf ihn los.)* Nein Woyzeck, ich
ärgre mich nicht, Ärger ist ungesund, ist unwissenschaftlich. [...]
30 WOYZECK Sehn Sie Herr Doktor, manchmal hat
einer so n'en Charakter, so n'e Struktur. – Aber mit
der Natur ist's was anders, sehn Sie mit der Natur
(er kracht mit den Fingern) das ist so was, wie soll
ich doch sagen, zum Beispiel ...
35 DOKTOR Woyzeck, Er philosophiert wieder.
WOYZECK *(vertraulich)* Herr Doktor, haben Sie
schon was von der doppelten Natur gesehn? Wenn
die Sonn in Mittag steht und es ist als ging die
Welt in Feuer auf hat schon eine fürchterliche
40 Stimme zu mir geredt!
DOKTOR Woyzeck, Er hat eine aberratio.
[...]

Gesprächsstrategie
Woyzeck: Rechtfertigung seines
Verhaltens durch seine Natur
Doktor: Unterdrückung durch
Fachbegrifflichkeit (Sprache als
Machtmittel); Profilierung der
intellektuellen und moralischen
Überlegenheit (wird durch Kör-
persprache unterstrichen)

**Einstellung der Dialogpartner
zueinander**
Woyzeck: Er muss sich dem Doktor aufgrund seiner Notlage beu-
gen, ist unfrei und beklagt das.
Doktor: Sein Wohlstand lässt ihn
die Freiheit des Menschen als
Ideal postulieren.

Sprache
Woyzeck:, Dialekt, Sprachnot
Doktor: Fachtermini (z.T. falsch
verwendet), Ironie, Vergleich,
Correctio

Bestimmendes Merkmal des Dialogs zwischen Woyzeck und dem Doktor ist, dass beide
Gesprächspartner nicht gleichberechtigt miteinander kommunizieren. Seine privilegierte soziale
Stellung erlaubt dem herablassenden, überheblichen Doktor, den aufgrund seiner schwachen
sozialen Position und seiner finanziellen Notlage unfreien Woyzeck für seine Experimente
zu missbrauchen. Sowohl in der Gesprächsstrategie – der Doktor profiliert sich als moralisch
und intellektuell überlegen, während Woyzeck mit seiner Not ungehört bleibt – als auch in der
Sprache der Figuren – Fachtermini beim Doktor, einfache, dialektal geprägte Ausdrucksweise
bei Woyzeck – manifestiert sich diese soziale Distanz zwischen beiden.

Uwe Schweikert: Über die Sprache der Verrücktheit (1982)

Was heißt verrückt? Wer ist verrückt? [...] Verrückt ist, wer anders redet, denkt und handelt, als die Gesellschaft und das intersubjektiv auf sie eingeschworene Verhalten es von
ihm erwarten – ein Verhalten, das seine Logik, seine scheinbare Vernunft einzig aus der
Macht bezieht. Das Wort des Wahnsinnigen wird unterdrückt, wird nicht vernommen. In
5 der Ausgrenzung bleiben die wahren Gewaltverhältnisse allemal verschleiert. Denn nicht
der Außenseiter, die Welt ist verrückt geworden.

4 PLUS Charakterisieren Sie die Figur Andres mit Blick auf ihren Sprachgebrauch
und erläutern Sie, wie die Gesellschaft auf ihn reagiert. Erläutern Sie anschließend
die Verhaltensweisen seines Umfeldes auf der Grundlage des Textes von Schweikert.

4 Zentrale Themen/Motive/Konflikte untersuchen

„Du siehst immer so verhetzt aus."

Woyzeck – ein Kind seiner Zeit

Karikatur:
Wie lange möchte uns das Denken wohl noch erlaubt bleiben?

Georg Büchner: Brief an die Familie aus Straßburg vom 01.01.1836

Ich komme vom Christkindelsmarkt: überall Haufen zerlumpter, frierender Kinder, die
mit aufgerissenen Augen und traurigen Gesichtern vor den Herrlichkeiten aus Wasser
und Mehl, Dreck und Goldpapier standen. Der Gedanke, dass für die meisten Menschen
auch die armseligsten Genüsse und Freuden unerreichbare Kostbarkeiten sind, machte
5 mich sehr bitter.

1 Geben Sie Ihre Eindrücke zum Zeitgeschehen in der ersten Hälfte des 19. Jahrhunderts
wieder, die Ihnen die Bilder und der Brief vermitteln. Ordnen Sie historische Ereignisse zu.

2 Diskutieren Sie, welche der Bilder zu *Woyzeck* passen, und stellen Sie Vermutungen an,
wie sich der Zeitgeist in Büchners Drama widerspiegelt, vor allem in der Titelfigur.

Die Welt des Militärs

1 Skizzieren Sie anhand des Dramentextes, welches Bild vom Alltag des Soldaten Woyzeck entworfen wird. Beziehen Sie sich hierbei auf konkrete Aktivitäten und Aufgaben sowie die Auswirkungen, welche diese auf Woyzeck haben.

Matthias Langhoff: Was aber war ein Stadtsoldat? (1980)

Der Stadtsoldat stand in der gesellschaftlichen Anerkennung an unterster Stelle, unter
dem Tagelöhner. Ein Paria[1], vergleichbar dem Totengräber, Büttel[2], Kloakenreiniger usw.
Die Stadtsoldaten waren freiwillige, in einem niederen Sold stehende Soldaten, also keine
gezogenen oder verpflichteten. Ihre Funktion war am wenigsten eine kriegerische, viel-
5 mehr eine einschüchternde. Eine Truppe, die für jede Schmutzarbeit gut war. Sowohl
zur Niederschlagung etwaiger Unruhen wie zur Erledigung aller Arbeit, denen sich das
ethische Empfinden der sonstigen Stadtbewohner entgegenstellte. Eine Abgestumpft-
heit und Verrohung des Gefühls, also eine Hemmungslosigkeit bei der Ausübung bei
der verlangten Tätigkeit, war das wesentliche Befähigungsmerkmal des Soldaten. Der
10 überaus niedrige Sold hing zusammen mit dem Charakter der Arbeit. Es war eine reine
Gelegenheitsarbeit ohne Kontinuität [...]. Stadtsoldaten wurden diejenigen, die längst aus
allen sozial geordneten Schichten ausgestoßen waren, also die große Zahl derer, die zum
Strandgut der Gesellschaft gehörten, die sich in den Elendsquartieren der Stadt sammel-
ten und zwischen Alkohol, Verbrechen, Prostitution, Bettelei und Gelegenheitsarbeit zu
15 überleben suchten.

1 Paria, der: unterprivilegierter, von der Gesellschaft ausgestoßener Mensch
2 Büttel, der: abwertend für: Ordnungshüter, Polizist; auch: jemand, der unterwürfig Befehle ausführt

Alfons Glück: Militär und Justiz in Georg Büchners *Woyzeck* (1986)

(a) Der Füsilier[1] und Gelegenheitsarbeiter ist umklammert von Zwängen und eingehüllt
von einer Atmosphäre der Einschüchterung, Bedrohung, Demütigung und Irreführung.
[...] Diese Unterdrückung ist nicht Selbstzweck. Sie ist ein Mittel.
(b) Sein Tagesablauf zwischen Reveille[2] und Zapfenstreich ist durch Vorschriften bis ins
5 Einzelne geregelt und mechanisiert. Er steht unter dem Druck der Militärdisziplin und
unterliegt der abstumpfenden Routine des Dienstes, dem Exerzieren mechanisierter
Griffe und Schritte, dem öden Wacheschieben, Antreten zum Appell [...], usf.
(c) Der Zweck des Drills ist es, Gefühle abzutöten, Hemmschwellen abzutragen, den
Eigenwillen zu brechen und den Eigensinn auszutreiben [...], das Ich auszulöschen, über-
10 haupt Bewusstsein und Überlegung auszuhängen und den Menschen durch Exerzitien[3]
der Unterwürfigkeit auf bloße Reaktionen, ja auf Reflexe zu reduzieren.
(d) Er [Woyzeck] leidet an Mittellosigkeit (und an einer schweren psychischen Erkran-
kung). [...] Zusätzlich drohen ihm drakonische[4] Militärstrafen, wenn er sich gegen die
„menschenunwürdige" Behandlung durch seine Vorgesetzten auflehnen würde.

1 Füsilier, der: Infanterist (im preußischen Heer), ursprünglich ein mit einem Gewehr ausgerüsteter Soldat
2 Reveille, die: Weckruf   3 Exerzitium, das: Übung, Aufgabe   4 drakonisch: sehr streng, hart, unerbittlich

2 Ergänzen Sie Ihre Ergebnisse zu Aufgabe 1 auf Basis der beiden Texte zum Alltag eines einfachen Soldaten in dieser Zeit.

Judith Grümmer, Michael Roehl: Arbeitgeber Bundeswehr. Befremdliche Welt aus Drill und Disziplin? (2015)

Als zukunftsorientierter und moderner Arbeitgeber wirbt die Bundeswehr seit der Aussetzung der Wehrpflicht bei jungen Erwachsenen. Deren freiwilliges Engagement in staatsbürgerliche Verantwortung könnte der erste Schritt in ein längeres oder gar unbefristetes Ausbildungs- und Arbeitsverhältnis als Soldat oder Soldatin sein. Doch was

5 junge Staatsbürger in Uniform dann im Kasernenalltag erleben, steht für viele Jugendliche im Widerspruch zu dem Anspruch der Armee als attraktiver Arbeitgeber. Jeder vierte Freiwillige bricht seinen Freiwilligen Wehrdienst vorzeitig ab. Schon der raue Ton auf dem Kasernenhof, der Drill, die geforderte Disziplin macht es vielen schwer, die Grundausbildung zu Ende zu bringen. Der geforderte Gehorsam, den manche als Schi-

10 kane erleben. Die strengen Hierarchien, die immer wieder auch als Machtmissbrauch erlebt werden. Die körperlichen und psychischen Übergriffe, die nicht nur von Soldatinnen gefürchtet werden. Es gibt vieles, was junge Rekruten und Soldaten an der Bundeswehr zumindest hinter vorgehaltener Hand kritisieren.

3 Vergleichen Sie die Arbeitsumstände Woyzecks beim Militär mit denen eines heutigen Bundeswehrsoldaten und benennen Sie mögliche Ursachen dafür, dass einige organisatorisch-strukturelle Gegebenheiten noch bis heute bestehen.

4 a) Erläutern Sie die mit diesen Arbeitsumständen verbundenen übergeordneten Ziele des Militärwesens.
b) Überlegen Sie, welche Instanzen neben dem Militär die Gesellschaft organisieren.
c) Legen Sie dar, wie Woyzeck in diese Verhältnisse eingebunden ist.

5 Stellen Sie Woyzecks Dilemma dar. Achten Sie darauf, ob und ggf. welche Möglichkeiten ihm offengestanden hätten, wenn er gegen den Hauptmann (oder den Doktor) aufbegehrt hätte.

6 Ergänzen Sie Ihre Notizen zu den Tatmotiven, indem Sie die soziale Situation Woyzecks berücksichtigen.

Soziale Hierarchien und das Problem der Armut

Steckbrief.
Der hierunter signalisierte Georg Büchner, Student
der Medizin aus Darmstadt, hat sich der gerichtlichen
Untersuchung seiner indizierten Teilnahme an staats-
5 verräterischen Handlungen und durch die Entfernung
aus dem Vaterlande entzogen. Man ersucht deshalb
die öffentlichen Behörden des In- und Auslandes,
denselben im Vertretungsfalle festnehmen und wohl-
verwahrt an die unterzeichnete Stelle abliefern zu
10 lassen.
Darmstadt, den 13. Juni 1835
[...]

A . Was nennt ihr den gesetzlichen
. Zustand? Ein Gesetz, das die große
. Masse der Staatsbürger zu fronen-
. dem[1] Vieh macht, um die unnatür-
5 lichen Bedürfnisse einer unbedeu-
. tenden und verdorbenen Minderzahl
. zu befriedigen? [...] Dies Gesetz ist
. eine ewige rohe Gewalt [...] und ich
. werde mit Mund und Hals dagegen
10 kämpfen, wo ich kann.

(Brief an die Eltern, 1833)

1 fronen: unter Zwang schwere körperliche
Arbeit verrichten

B . Der Hass ist so gut erlaubt als die Liebe, und
. ich hege ihn im vollsten Maße gegen die, wel-
. che verachten. Es ist deren eine große Zahl, die
. im Besitze einer lächerlichen Äußerlichkeit,
5 die man Bildung, oder eines toten Krams, den
. man Gelehrsamkeit heißt, die große Masse
. ihrer Brüder ihrem verachtenden Egoismus
. opfern. Der Aristokrat ist die schändlichste
. Verachtung des heiligen Geistes im Menschen;
10 gegen ihn kehre ich seine eigenen Waffen;
. Hochmut gegen Hochmut, Spott gegen Spott.

(Brief an die Eltern, 1834)

C . [...] das Verhältnis
. zwischen Armen
. und Reichen ist
. das einzige revolu-
5 tionäre Element in
. der Welt.

(Brief an Karl Gutzkow,
1835)

D . Ich verachte niemanden,
. am wenigsten wegen seines
. Verstandes oder seiner Bil-
. dung, weil es in niemands
5 Gewalt liegt, kein Dumm-
. kopf oder kein Verbrecher
. zu werden, – weil [...] die
. Umstände außer uns liegen.

(Brief an die Eltern, 1834)

E   Die politischen Verhältnisse könnten mich rasend machen.
Das arme Volk schleppt geduldig den Karren, worauf die
Fürsten und Liberalen ihre Affenkomödie spielen.

(Brief an August Stöber, 1833)

1 Lesen Sie die Büchner-Zitate und klären Sie im Rahmen eines Schreibgespräches:
Was ist das politische Programm des Autors?

→ S. 44

2 Betrachten Sie den Steckbrief auf der vorangehenden Seite.
Worin könnten die „staatsverräterischen Handlungen" Büchners bestanden haben?

3 Welche Rückschlüsse lassen sich auf den Charakter des Dichters ziehen?
Würden Sie Büchner als „modern" bezeichnen?

Staatsoberhaupt

4 a) Ordnen Sie die folgenden Figuren aus dem Drama ihrer sozialen Stellung entsprechend in die Gesellschaftshierarchie ein: Franz Woyzeck, Marie Zickwolf, Christian (ihr Kind), Hauptmann, Doktor, Tambourmajor, Unteroffizier, Andres, Narr Karl, der Jude.

b) Ergänzen Sie, in welchen wirtschaftlichen Verhältnissen die einzelnen Figuren leben. Führen Sie Textstellen als Beleg an.

D01 Figurencharak-
terisierung
S.27

5 Markieren Sie die Figuren in unterschiedlichen Farben als statische oder dynamische Charaktere: Welche sind eher individueller gezeichnet, welche als Typen angelegt? Bestimmen Sie, wofür die jeweiligen Figuren stehen bzw. was sie repräsentieren.

6 Beschreiben Sie Auffälligkeiten in dem von Büchner arrangierten Figurenensemble und benennen Sie Besonderheiten bei den Rollenbezeichnungen. Deuten Sie diese.

Brockhaus Conversations-Lexikon: Pauperismus (1846)

Pauperismus ist ein neuerfundener Ausdruck für eine neue, höchst bedeutsame und unheilvolle Erscheinung, den man im Deutschen durch die Worte Massenarmut
5 oder Armentum wiederzugeben gesucht hat. Es handelt sich dabei nicht um die natürliche Armut, wie sie als Ausnahme in Folge physischer, geistiger oder sittlicher Gebrechen, oder zufälliger Unglücksfälle
10 immerfort Einzelne befallen mag; auch nicht um die vergleichungsweise Dürftigkeit, bei der doch eine sichere Grundlage des Unterhalts bleibt. Der Pauperismus ist da vorhanden, wo eine zahlreiche Volks-
15 klasse sich durch die angestrengteste Arbeit höchstens das notdürftigste Auskommen verdienen kann, auch dessen, nicht sicher ist, in der Regel schon von der Geburt an und auf Lebenszeit solcher Lage geopfert
20 ist, keine Aussichten der Änderung hat, darüber immer tiefer in Stumpfsinn und Rohheit versinkt, den Seuchen, der Branntweinpest und viehischen Lastern aller Art, den Armen-, Arbeits- und Zuchthäusern
25 fortwährend eine immer steigende Zahl

von Rekruten liefert und dabei immer noch sich in reißender Schnelligkeit ergänzt und vermehrt. Diese Erscheinung ist vorhanden; sie ist in Europa am schlimmsten in England, Frankreich und Belgien hervor- 30 getreten, fängt aber auch in Deutschland, besonders in den Ländern, wo es eigene Fabrikprovinzen gibt, oder wo das Grundeigentum übermäßig zersplittert wurde, sich zu zeigen an. [...] 35
Eine reaktionäre Farbe sucht das Übel in dem Zeitgeiste der Neuzeit und seinen Schöpfungen und will zum Mittelalter zurück, speziell zu dessen Agrarverfassung und Zunftwesen. Eine revolutionäre 40 Schule, die mannichfaltigen Schattierungen des Kommunismus (s.d.) und Sozialismus (s.d.) umfassend, will mehr oder weniger die Grundlagen unsers rechtlichen und sozialen Gebäudes umstürzen, namentlich 45 das Eigentumsrecht brechen. Sehr viele haben die aus dem Gesamtwesen vielartiger und zusammengesetzter Einflüsse erwachsene Erscheinung aus einzelnen Ursachen ableiten und durch einzelne 50

Mittel heilen wollen. Während von mehreren Seiten hauptsächlich das Fabrikwesen als die fruchtbarste Mutter des Pauperismus angeklagt wird, fordern dessen eigene
55 Wortführer vielmehr seine kräftigste Förderung durch künstliche Mittel. Den gegen die in der Wissenschaft herrschende nationalökonomische Schule gerichteten Vorwürfe, dass ihre Lehren den Pauperis-
60 mus erzeugt hätten, antwortet diese mit der ganz entgegengesetzten Behauptung: er würde nicht sein, wenn man ihre Forderungen wahrhaft und vollständig erfüllt hätte. Weise geordnete Freiheit in allem Leben, geistvolles und energisches Zusam- 65 menfassen der Kräfte für edle Zwecke, reiches Ausstreuen der Saaten gedeihlicher Bildung, zweckmäßige Organisation der Massen und wahrhaft christliche, warme und erleuchtete Menschenliebe, das sind 70 die Aufgaben, das mögen die rechten Mittel sein, die, wenn sie mit Konsequenz und Ausdauer angewendet werden, leisten müssen, was vernünftigerweise verlangt werden kann. 75

7 Beschreiben Sie auf Basis des Brockhaus-Artikels die damals neu auftretende Form von Armut und benennen Sie die Lösungsvorschläge der Zeitgenossen.

Georg Büchner: Der Hessische Landbote (1834)

Büchner kam 1833 von Straßburg nach Gießen zurück. Er gründete die *Gesellschaft für Menschenrechte*, eine revolutionäre Geheimgesellschaft, die den politischen Umsturz in Hessen zum Ziel hatte. Um die Landbevölkerung zu gewinnen, verfasste er diese Flugschrift bzw. dieses Pamphlet. Es existierten zwei Drucke, zusammen etwa 1000 Exemplare, die heimlich verteilt wurden.

ERSTE BOTSCHAFT   Darmstadt, im Nov. 1834
Friede den Hütten! Krieg den Palästen!
Im Jahre 1834 siehet es aus, als würde die Bibel Lügen gestraft. Es sieht aus, als hätte Gott die Bauern und Handwerker am fünften Tage und die Fürsten und Vornehmen am sechs-
5 ten gemacht, und als hätte der Herr zu diesen gesagt: „Herrschet über alles Getier, das auf Erden kriecht", und hätte die Bauern und Bürger zum Gewürm gezählt. Das Leben der Vornehmen ist ein langer Sonntag: sie wohnen in schönen Häusern, sie tragen zierliche Kleider, sie haben feiste[1] Gesichter und reden eine eigne Sprache; das Volk aber liegt vor ihnen wie Dünger auf dem Acker. Der Bauer geht hinter dem Pflug, der Vornehme aber
10 geht hinter ihm und dem Pflug und treibt ihn mit den Ochsen am Pflug, er nimmt das Korn und lässt ihm die Stoppeln. Das Leben des Bauern ist ein langer Werktag; Fremde verzehren seine Äcker vor seinen Augen, sein Leib ist eine Schwiele, sein Schweiß ist das Salz auf dem Tische des Vornehmen.
Im Großherzogtum Hessen sind 718 373 Einwohner, die geben an den Staat jährlich an
15 6.363.436 Gulden, als
    1. Direkte Steuern   2.128.131 Fl.[2]
    2. Indirekte Steuern   2.478.264 "
    3. Domänen[3]   1.547.394 "
    4. Regalien[4]   46.938 "
20 5. Geldstrafen   98.511 "
    6. Verschiedene Quellen   64.198 "
                                 6.363.436 Fl.

. Dies Geld ist der Blutzehnte, der vom Leib des Volkes genommen wird. An 700000 Men-
. schen schwitzen, stöhnen und hungern dafür. Im Namen des Staates wird es erpresst,
25 die Presser berufen sich auf die Regierung, und die Regierung sagt, das sei nötig, die Ord-
. nung im Staat zu erhalten. [...] Hebt die Augen auf und zählt das Häuflein eurer Presser,
. die nur stark sind durch das Blut, das sie euch aussaugen, und durch eure Arme, die ihr
. ihnen willenlos leiht. Ihrer sind vielleicht 10000 im Großherzogtum und eurer sind es
. 700000, und also verhält sich die Zahl des Volkes zu seinen Pressern auch im übrigen
30 Deutschland. Wohl drohen sie mit dem Rüstzeug und den Reisigen[5] der Könige, aber ich
. sage euch: Wer das Schwert erhebt gegen das Volk, der wird durch das Schwert des Volkes
. umkommen. Deutschland ist jetzt ein Leichenfeld, bald wird es ein Paradies sein. Das
. deutsche Volk ist ein Leib, ihr seid ein Glied dieses Leibes. Es ist einerlei, wo die Scheinlei-
. che zu zucken anfängt. Wann der Herr euch seine Zeichen gibt durch die Männer, durch
35 welche er die Völker aus der Dienstbarkeit zur Freiheit führt, dann erhebet euch, und der
. ganze Leib wird mit euch aufstehen. [...]

---

1 feist: (unangenehm, widerlich) fett, dick   **2** Fl.: Abkürzung für Florin (frz. für Gulden)
3 Domäne, die: Bezeichnung für ein Staats- und Landgut   **4** Regal, das: Hoheitsrecht
5 Reisige: Soldaten, Söldner

8 Ermitteln Sie die sozialen und politischen Ziele Büchners. Skizzieren Sie die Argumentationsstruktur, mit der er die Menschen überzeugen will.

9 Entwerfen Sie aus der Perspektive Büchners ein Plakat für eine politische Veranstaltung,
auf dem seine politische Gesinnung (Ziele, Ideen, Forderungen, …) deutlich wird.

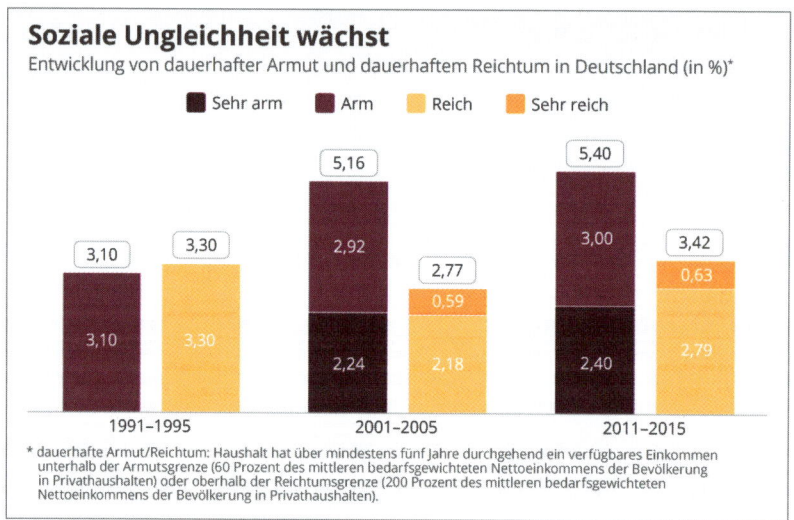

Soziale Ungleichheit wächst
Entwicklung von dauerhafter Armut und dauerhaftem Reichtum in Deutschland (in %)*

Sehr arm   Arm   Reich   Sehr reich

1991–1995: 3,10 (Sehr arm), 3,30 (Reich)
2001–2005: 5,16 / 2,92 (Arm) / 2,24; 2,77 / 2,18 / 0,59 (Reich)
2011–2015: 5,40 / 3,00 / 2,40; 3,42 / 2,79 / 0,63 (Reich)

* dauerhafte Armut/Reichtum: Haushalt hat über mindestens fünf Jahre durchgehend ein verfügbares Einkommen
unterhalb der Armutsgrenze (60 Prozent des mittleren bedarfsgewichteten Nettoeinkommens der Bevölkerung
in Privathaushalten) oder oberhalb der Reichtumsgrenze (200 Prozent des mittleren bedarfsgewichteten
Nettoeinkommens der Bevölkerung in Privathaushalten).

10 Werten Sie das Diagramm aus und recherchieren Sie Ursachen für die soziale Ungleichheit
in Deutschland. Stellen Sie Bezüge her zu heutigen sozialen Auseinandersetzungen.

11 Nennen Sie Maßnahmen, die in Deutschland getroffen werden, um Armutssituationen
vorzubeugen oder diese zu entschärfen, und beurteilen Sie deren Erfolg.

Der evangelische Theologe Friedrich Ludwig Weidig (1791–1837) unterstützte Büchner, indem er die Streitschrift redigierte. Büchner hatte die wirtschaftlichen Fakten und materiellen Interessen der Bauern im Blick, Weidig das soziale Unrecht, das der göttlichen Ordnung widerspreche. Die Eingriffe Weidigs in den Text des Hessischen Landboten sind wohl so weitreichend gewesen, dass Büchner nicht mehr bereit gewesen sein soll, die Schrift als seine anzuerkennen.

12 PLUS a) Der Einfluss Weidigs manifestiert sich primär in den zahlreichen religiösen Anspielungen und dem bisweilen latent vorhandenen Predigtstil. Belegen Sie Anspielungen auf die Bibel sowie Stilmittel, welche auf die Textsorte „Predigt" hinweisen, und erläutern Sie deren Wirkung.

b) Erläutern Sie die Funktion der Textsorte „Predigt" und die Intention, die Weidig mit der religiösen Überlagerung der politischen Rede verfolgt.

c) Vergleichen Sie die Absichten Büchners und Weidigs und erklären Sie vor diesem Hintergrund, weshalb Büchner den Text nach der Überarbeitung des Theologen abgelehnt hat.

> **ÜBRIGENS**
>
> „Armut" ist auch für das Christentum ein wichtiger Begriff. Im Alten Testament ist Armut eine Folge der Ursünde und der Vertreibung aus dem Paradies (vgl. 1 Mos). Reichtum wird als der greifbare Segen Gottes den Gerechten gegenüber aufgefasst; der Arme hingegen sei arm, weil er die Schuld seiner Väter abzubüßen habe. Im Neuen Testament ist Jesus bezeichnenderweise arm, er preist die Mühseligen und Beladenen selig und fordert den reichen Jüngling auf, alles zu verkaufen und das Geld den Armen zu geben. Die Theologen der Reichen haben seinerzeit jedoch betont, dass der Reichtum nicht mehr geteilt werden müsse, Almosen würden genügen. Erst mit den Humanisten ist Armut als ein gesellschaftliches Problem anerkannt worden.

→ S. 46 f.

13 Der Literaturwissenschaftler Alfons Glück betitelt einen seiner Aufsätze mit *Der Woyzeck – Tragödie eines Paupers*. Erläutern Sie, inwieweit sich jenes massenhafte Verelendungsphänomen anhand der Titelfigur des Dramas veranschaulichen lässt.

Alfons Glück: Der „ökonomische Tod": Armut und Arbeit in Georg Büchners *Woyzeck* (1986)

[D]er Tod durch „Ökonomie", durch eine Ökonomie der Ausbeutung, der gnadenlosen Verwertung der Ware „Arbeitskraft", der Degradierung des Menschen zu einem
5 Mittel. [...] Büchners Woyzeck liegt [...] ein System zugrunde: das System der Ausbeutung, Unterdrückung und Entfremdung. Ausbeutung ist der Zweck, Unterdrückung das Mittel, Entfremdung die Folge. [...] Das,
10 was das System der Ausbeutung für den Füsilier und Seinesgleichen bereithält: Elend, Hunger, Arbeitshetze, Bewusstseinslenkung und -verödung, jene Erscheinungen, die im Fall Woyzeck in eine Psychose 15 münden [...] und endlich das, was aus dieser Psychose erwächst, der Mord und die Folge des Mordes, die Hinrichtung. Die Tragödie führt vor, wie Woyzeck ruiniert, wie seine Seele gleichsam geschleift und dem Erdboden gleichgemacht und wie er in das 20 Extrem der Selbstentfremdung, in die Psychose hineingetrieben wird.

→ S. 39, A 6

14 Geben Sie Glücks Deutung des Dramas wieder und prüfen Sie, inwiefern dieser Hintergrund den Blick auf Woyzecks Mordtat verändert.

Das Bild der Wissenschaft

→ Szene 8,
S.16 ff.

1 Untersuchen Sie die Szene 8 *Beim Doktor*.
   – Beschreiben Sie Art und Durchführung des Experimentes.
   – Benennen Sie die Beweggründe des Dorfarztes, sein Experiment durchzuführen,
     und die des Probanden Woyzeck, sich darauf einzulassen.

Eid des Hippokrates

Ich schwöre bei Apollon dem Arzt und bei Asklepios, Hygieia und Panakeia[1] sowie unter
Anrufung aller Götter und Göttinnen als Zeugen, dass ich nach Kräften und gemäß
meinem Urteil diesen Eid und diesen Vertrag erfüllen werde: Denjenigen, der mich diese
Kunst gelehrt hat, werde ich meinen Eltern gleichstellen und das Leben mit ihm teilen;
5 falls es nötig ist, werde ich ihn mitversorgen. Seine männlichen Nachkommen werde ich
wie meine Brüder achten und sie ohne Honorar und ohne Vertrag diese Kunst lehren,
wenn sie sie erlernen wollen. Mit Unterricht, Vorlesungen und allen übrigen Aspekten der
Ausbildung werde ich meine eigenen Söhne, die Söhne meines Lehrers und diejenigen
Schüler versorgen, die nach ärztlichem Brauch den Vertrag unterschrieben und den Eid
10 abgelegt haben, sonst aber niemanden. Die diätetischen Maßnahmen werde ich nach
Kräften und gemäß meinem Urteil zum Nutzen der Kranken einsetzen, Schädigung und
Unrecht aber ausschließen. Ich werde niemandem, nicht einmal auf ausdrückliches Ver-
langen, ein tödliches Medikament geben, und ich werde auch keinen entsprechenden
Rat erteilen; ebenso werde ich keiner Frau ein Abtreibungsmittel aushändigen. Lauter
15 und gewissenhaft werde ich mein Leben und meine Kunst bewahren. Auf keinen Fall
werde ich Blasensteinkranke operieren, sondern ich werde hier den Handwerkschirurgen
Platz machen, die darin erfahren sind. In wie viele Häuser ich auch kommen werde, zum
Nutzen der Kranken will ich eintreten und mich von jedem vorsätzlichen Unrecht und
jeder anderen Sittenlosigkeit fernhalten, auch von sexuellen Handlungen mit Frauen und
20 Männern, sowohl Freien als auch Sklaven. Über alles, was ich während oder außerhalb
der Behandlung im Leben der Menschen sehe oder höre und das man nicht nach draußen
tragen darf, werde ich schweigen und es geheim halten. Wenn ich diesen Eid erfülle und
ihn nicht antaste, so möge ich mein Leben und meine Kunst genießen, gerühmt bei allen
Menschen für alle Zeiten; wenn ich ihn aber übertrete und meineidig werde, soll das
25 Gegenteil davon geschehen.

---

1 Asklepios, Hygieia, Panakeia: in der griechischen Mythologie Gott und Göttinnen der Heilkunst

2 Der sogenannte Eid des Hippokrates gilt als Schwur ärztlicher Ethik. Fassen Sie diesen
zusammen und zeigen Sie im Drama Verstöße des Doktors gegen jene Verpflichtung auf.

3 Recherchieren Sie Beispiele für heutige medizinische Themen, die Ärzte in Konflikt mit dem
Eid bringen könnten. Denken Sie zum Beispiel an die Diskussion um Sterbehilfe.

4 Ziehen Sie die Szene 18 *Der Hof des Doktors* heran und arbeiten das Wissenschafts-
verständnis des Doktors heraus. Erläutern Sie dessen Funktion im Drama.

5 Leiten Sie aus dem Bild von Wissenschaft die Einstellung Büchners in Bezug auf die
Gedankenwelt des 18. Jahrhunderts ab.

Jean-Jacques Rousseau: Émile oder Über die Erziehung (1762)

Man veredelt die Pflanzen durch die Zucht, und die Menschen durch die Erziehung. [...]
Alles, was uns bei unserer Geburt fehlt, und was uns, wenn wir erwachsen sind, nötig ist,
wird uns durch die Erziehung gegeben. Diese Erziehung geht von der Natur, oder von den
Menschen, oder von den Dingen aus. [...] Was ist das nun für ein Ziel? Es ist das der Natur
5 selbst [...].
Wer in der bürgerlichen Ordnung den Naturgefühlen den Vorrang einräumen will, der
weiß nicht, was er will. Stets im Widerspruch mit sich selbst, stets zwischen seinen
Trieben und Pflichten hin und her schwankend, wird er nie ein echter Mensch noch ein
echter Bürger sein. Er wird weder sich noch anderen Vorteil gereichen. [...] [E]r wird nichts
10 sein. [...]
In der natürlichen Ordnung, in der die Menschen alle gleich sind, ist ihr gemeinsamer
Beruf, zuerst und vor allem Mensch zu sein, und wer für diesen gut erzogen ist, kann diejenigen, welche mit demselben in Einklang stehen, nicht schlecht erfüllen. Ob man meinen Zögling für die militärische, kirchliche oder richterliche Laufbahn bestimmt, darauf
15 kommt wenig an. Bevor die Eltern ihn für einen Beruf bestimmen, beruft die Natur ihn
zum menschlichen Leben. Die Kunst zu leben soll er von mir lernen.

Paul Gauguin (1848–1903): *Woher kommen wir? Wer sind wir? Wohin gehen wir?* (Öl auf Leinwand, 1897)

6 Legen Sie das in Szene 18 *Der Hof des Doktors* entworfene Menschenbild dar und erläutern
Sie Parallelen und Divergenzen zu Rousseaus Anthropologie. Beziehen Sie auch die Szene 3
Buden, Lichter, Volk mit ein.

→ Szene 3, S. 11 f.

	Menschenbild in *Woyzeck*	Anthropologie Rousseaus
Parallelen		
Divergenzen		

7 **PLUS** Betrachten Sie das Gemälde *Woher kommen wir? Wer sind wir? Wohin gehen wir?*
(1897) des französischen Malers Paul Gauguin, der sich entschieden hat, auf Tahiti ein,
seiner Ansicht nach, ursprüngliches Leben zu führen. Erläutern Sie, welchen Lebensentwurf
er mit der dargestellten Szenerie verfolgen könnte.

Tugend- und Moralvorstellungen

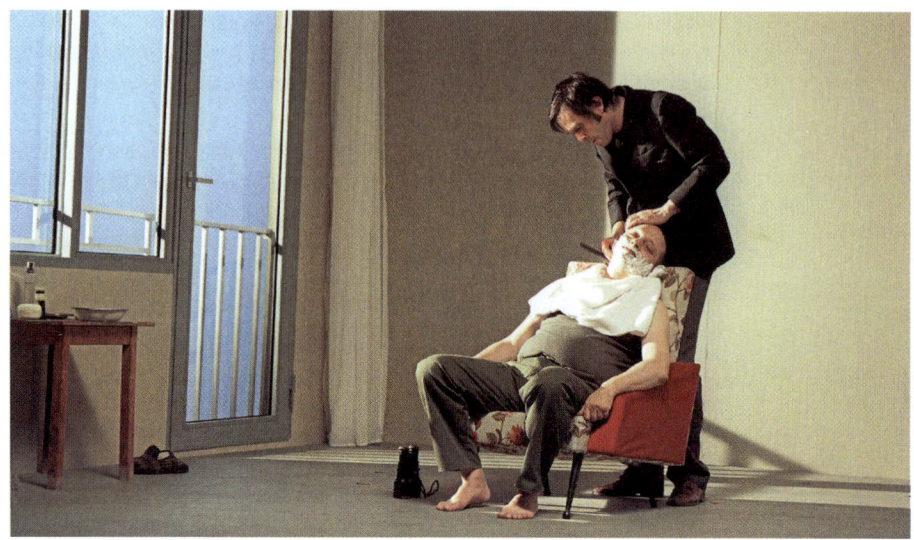

Inszenierung
am Theater in
Gennevilliers 1998,
Regie: Andre Engel

→ Szene 5,
S. 14 f.

1 Bereiten Sie eine szenische Lesung der Rasier-Szene 5 *Der Hauptmann. Woyzeck* vor.

2 Benennen Sie die Aspekte der Beziehung zwischen Woyzeck und dem Hauptmann, die in der französischen Inszenierung von 1998 besonders herausgestellt werden.

3 Untersuchen Sie die Szene genauer, indem Sie zum Wortfeld „Moral" zählende Ausdrücke in einer Wortwolke zusammenstellen. Erläutern Sie, was Woyzeck und der Hauptmann jeweils unter den einzelnen Begriffen verstehen und wie sie ihre Haltung begründen.

4 Legen Sie dar, wie die gesellschaftliche Stellung die Kommunikation inhaltlich und sprachlich konstituiert. Beachten Sie hierbei nicht nur die Redeweise, sondern auch die Redeanteile.

A Das (gesellschaftliche) Sein bestimmt das Bewusstsein. (Marx/Engels)	B Das Bewusstsein bestimmt das (gesellschaftliche) Sein. (Hegel)

5 Erklären Sie ausgehend von den Zitaten die philosophischen Strömungen „Idealismus" (Hegel) sowie „Materialismus" (Marx/Engels) und ordnen Sie diese den Positionen Woyzecks und des Hauptmanns zu. Begründen Sie, mit welcher Denkart Sie sich identifizieren können.

→ Szene 5, 9
S. 14, 18 ff.
→ Szene 8, 9
S. 16 ff., 19 ff.

📄 **Sprachliche**
D01 **Mittel**
S. 36 ff.

6 Wählen Sie entweder den Hauptmann oder den Doktor und setzen Sie sich vertieft mit Sprache und Stil der jeweiligen Figur auseinander.
 – Analysieren Sie hierfür die Lexik, die Syntax sowie den Gebrauch verschiedener sprachlicher Mittel.
 – Erläutern Sie anschließend die Wirkung und Funktion einzelner Phänomene.

SPRACHTIPP

Stilmittel deuten

Die Deutung sprachlicher Mittel lässt sich mit folgenden Verben und Ausdrücken präzise formulieren:

verdeutlichen – zum Ausdruck bringen – betonen – veranschaulichen – unterstreichen – untermalen – einer These / einem Argument Nachdruck verleihen – illustrieren – hervorheben – den Leser / die Leserin involvieren – widerspiegeln – intensivieren – Fülle erzeugen – strukturieren – akzentuieren – vorstellbar machen – Sinnlichkeit (z.B. durch akustische oder optische Reize) erzeugen – Assoziationen / Konnotationen / Verknüpfungen erzeugen – irritieren – präzisieren – prägnant machen – Spannung erzeugen – Erwartungen aufbauen – …

Beispiel: Der despektierliche Vergleich: „er hat auf Straß gepisst, an die Wand gepisst wie ein Hund" (S. …, Z. …) verdeutlicht, dass der überhebliche Doktor Woyzeck als animalisches Wesen sieht und ihm damit seine Menschenwürde nimmt. Weiterhin untermalt …

7 Entwerfen Sie eine Stimmskulptur.
- Gestalten Sie eine Kursteilnehmerin oder einen Kursteilnehmer zu einem Woyzeck-Denkmal.
- Die anderen Mitglieder der Lerngruppe schlüpfen in verschiedene Rollen und wählen jeweils einen Satz aus dem Drama, in dem sich ihre Beziehung zu Woyzeck zeigt.
- Treten Sie nacheinander hinter das Denkmal und sprechen Sie Ihren Satz.
- Abschließend nimmt die Person, die Woyzeck verkörpert, zu den Aussagen Stellung.

8 Vergleichen Sie die Figur des Doktors und die des Hauptmanns miteinander, insbesondere in Bezug auf ihre Charaktere, ihre gesellschaftliche Position und ihren Umgang mit Woyzeck.

→ S.39 A6

9 Verfassen Sie eine Rollenbiografie aus der Perspektive Woyzecks, in der deutlich wird, wie der Umgang des Hauptmanns und des Doktors mit ihm seine Entwicklung beeinflusst. Ergänzen Sie Ihre Notizen, falls sich Ihre Erkenntnisse zu den Gründen für Woyzecks Mordtat erweitert haben.

Das Konzept der (Handlungs-)Freiheit

Gebrüder Grimm: Sterntaler (1819)

Es war einmal ein kleines Mädchen, dem war Vater und Mutter gestorben, und es war so arm, dass es kein Kämmerchen mehr hatte, darin zu wohnen, und kein Bettchen mehr hatte, darin zu schlafen, und
5 endlich gar nichts mehr als die Kleider auf dem Leib und ein Stückchen Brot in der Hand, das ihm ein mitleidiges Herz geschenkt hatte. Es war aber gut und fromm. Und weil es so von aller Welt verlassen war, ging es im Vertrauen auf den lieben Gott hinaus ins
10 Feld.

Da begegnete ihm ein armer Mann, der sprach: „Ach, gib mir etwas zu essen, ich bin so hungrig." Es reichte ihm das ganze Stückchen Brot und sagte: „Gott segne dir's", und ging weiter. Da kam ein Kind, das
15 jammerte und sprach: „Es friert mich so an meinem Kopfe, schenk mir etwas, womit ich ihn bedecken kann." Da tat es seine Mütze ab und gab sie ihm. Und als es noch eine Weile gegangen war, kam wieder ein Kind und hatte kein Leibchen an und fror: da gab es ihm seins; und noch weiter, da bat eins um ein Röck-
20 lein, das gab es auch von sich hin. Endlich gelangte

es in einen Wald, und es war schon dunkel geworden, da kam noch eins und bat um ein Hemdlein, und das fromme Mädchen dachte: „Es ist dunkle Nacht, da
25 sieht dich niemand, du kannst wohl dein Hemd weggeben," und zog das Hemd ab und gab es auch noch hin.

Und wie es so stand und gar nichts mehr hatte, fielen auf einmal die Sterne vom Himmel, und waren lauter blanke Taler; und ob es gleich sein Hemdlein weg-
30 gegeben, so hatte es ein neues an, und das war vom allerfeinsten Linnen. Da sammelte es sich die Taler hinein und war reich für sein Lebtag.

→ Szene 19, S.27

1 Vergleichen Sie die Fassung des Märchens *Sterntaler* der Gebrüder Grimm mit der Erzählung der Großmutter in Szene 19 *Marie mit Mädchen vor der Haustür*. Stellen Sie Inhalte und Motive einander gegenüber und beschreiben Sie insbesondere die Figur des kleinen Mädchens in beiden Texten näher.

2 Legen Sie die in den Märchen codierten Lösungsangebote für die Probleme des einfachen Volkes dar. Prüfen Sie, ob sich daraus handlungsleitende Maximen ableiten lassen. Beziehen Sie Büchners Brief vom 01.01.1836 mit ein.

→ S. 42

3 Benennen Sie mögliche kompositorische Gründe für die Einbeziehung jenes episch-narrativen Textes, also für den punktuellen Gattungswechsel im dramatischen Werk.

Richard Kämmerlings: Im Hafen: Großmutters Märchen aus *Woyzeck* (2006)

Es ist eines der kürzesten und finstersten Märchen der Weltliteratur – eine Postapokalypse, in der jeder denkbare Strohhalm noch einmal ausdrücklich zerknickt wird. Aus Verzweiflung und völliger Einsamkeit ist nicht einmal eine Flucht in die Transzendenz möglich. Jede eskapistische Fantasie schlägt auf dem Boden der schrecklichen Tatsachen
5 auf.
Die Sterne, die bei den Grimms dem armen Waisenkind als Münzgeld ins Hemdlein fallen, sind hier Mücken, die der Neuntöter (eine Vogelart) zum späteren Verzehr auf den Schlehdorn spießt. Die himmlische Währung gilt nichts mehr. Und nach der dreifachen, höhnischen Zerstörung jeder Erlösungshoffnung ist die schon zuvor totenstille Erde ein
10 umgestürzter „Hafen". [...]
Bei Büchner steht das Märchen schon im ersten Entwurf, an einer Schlüsselstelle unmittelbar vor der Mordszene selbst und ist somit als Kommentar zur Dramenhandlung zu lesen. Direkt nach der Erzählung tritt Woyzeck auf und holt seine untreue Geliebte. „Marie: Wohinaus – Woyzeck: Weiß ich's?" Es gibt keinen Ausweg denn den Tod: Und
15 wenn das Kind nicht gestorben ist, sitzt es noch heute und „gerrt".

4 a) Diskutieren Sie den Deutungsvorschlag.
b) Formulieren Sie die zentralen Fragen des menschlichen Daseins, welche das Drama aufwirft oder gar versucht zu beantworten.

5 Setzen Sie die Funktion der Großmutter und ihrer Erzählung in Büchners Drama in Bezug zur Rolle von Märchen in der Literaturepoche der Romantik. Leiten Sie hieraus Büchners Einstellung zur sog. „Kunstperiode" (Heine) ab.

6 PLUS Wählen Sie Ihr Grimm'sches Lieblingsmärchen aus und gestalten Sie selbst eine Transformation des Erzähltextes nach dem Muster Büchners. Diskutieren Sie vor dem Hintergrund Ihres Produkts die Veränderungen mit Blick auf die Funktionalität der Gattung.

> Puppen sind wir, von unbekannten Gewalten am Draht gezogen;
> nichts, nichts wir selbst!
>
> (aus: Georg Büchner: Dantons Tod)

7 Halten Sie mit der Placemat-Methode auf einem DIN A3-Blatt Ihre Gedanken und Gefühle zu diesem Zitat fest. Überlegen Sie, welche „unbekannten Gewalten" auf Ihr persönliches Leben bzw. auf die heutige Zeit allgemein Einfluss nehmen, und beschreiben Sie Ihre Empfindungen dabei.

Georg Büchner: Brief an seine Verlobte Wilhelmine Jaeglé in Straßburg
(Gießen, nach Mitte Januar 1834)

Hier ist kein Berg, wo die Aussicht frei ist. Hügel hinter Hügel und breite Täler, eine hohe Mittelmäßigkeit in Allem; ich kann mich nicht an diese Natur gewöhnen, und die Stadt ist abscheulich. Bei uns ist Frühling, ich kann deinen Veilchenstrauß immer ersetzen, er ist unsterblich wie der Lama. Lieb Kind, was macht denn die gute Stadt Straßburg? es geht dort allerlei vor, und du sagst kein Wort davon. [...] Schon seit einigen Tagen nehme ich jeden Augenblick die Feder in die Hand, aber es war mir unmöglich, nur ein Wort zu schreiben. Ich studiere die Geschichte der Revolution. Ich fühlte mich wie zernichtet unter dem grässlichen Fatalismus der Geschichte. Ich finde in der Menschennatur eine entsetzliche Gleichheit, in den menschlichen Verhältnissen eine unabwendbare Gewalt, Allen und Keinem verliehen. Der Einzelne nur Schaum auf der Welle, die Größe ein bloßer Zufall, die Herrschaft des Genies ein Puppenspiel, ein lächerliches Ringen gegen ein ehernes Gesetz, es zu erkennen das Höchste, es zu beherrschen unmöglich. Es fällt mir nicht mehr ein, vor den Paradegäulen und Eckstehern der Geschichte mich zu bücken. Ich gewöhnte mein Auge ans Blut. Aber ich bin kein Guillotinenmesser. Das muss ist eins von den Verdammungsworten, womit der Mensch getauft worden. Der Ausspruch: es muss ja Ärgernis kommen, aber wehe dem, durch den es kommt, – ist schauderhaft. Was ist das, was in uns lügt, mordet, stiehlt? Ich mag dem Gedanken nicht weiter nachgehen. Könnte ich aber dies kalte und gemarterte Herz an deine Brust legen! B. wird dich über mein Befinden beruhigt haben, ich schrieb ihm. Ich verwünsche meine Gesundheit. Ich glühte, das Fieber bedeckte mich mit Küssen und umschlang mich wie der Arm der Geliebten. Die Finsternis wogte über mir, mein Herz schwoll in unendlicher Sehnsucht, es drangen Sterne durch das Dunkel, und Hände und Lippen bückten sich nieder. Und jetzt? Und sonst? Ich habe nicht einmal die Wollust des Schmerzes und des Sehnens. Seit ich über die Rheinbrücke ging, bin ich wie in mir vernichtet, ein einzelnes Gefühl taucht nicht in mir auf. Ich bin ein Automat; die Seele ist mir genommen. Ostern ist noch mein einziger Trost; ich habe Verwandte bei Landau, ihre Einladung und die Erlaubnis, sie zu besuchen. Ich habe die Reise schon tausendmal gemacht und werde nicht müde. – Du frägst mich: sehnst du dich nach mir? Nennst du's Sehnen, wenn man nur in einem Punkt leben kann und wenn man davon gerissen ist, und dann nur noch das Gefühl seines Elends hat? Gib mir doch Antwort. Sind meine Lippen so kalt? ... – Dieser Brief ist ein Charivari[1]: ich tröste dich mit einem andern.

1 Charivari: Katzenmusik

8 Fassen Sie Büchners Gedanken, die er im sogenannten „Fatalismusbrief"[2] artikuliert, zusammen.

2 Fatalismus, der: (lat.: fatum: Schicksal): Haltung der Ergebenheit oder Machtlosigkeit einem als unabänderlich empfundenen Schicksal gegenüber

Ansgar Beckermann: Gehirn, Ich, Freiheit (2008)

Aktuell findet die Debatte um die Willensfreiheit vor allem zwischen Philosophie und Neurobiologie statt. Manche Hirnforscher meinen aufgrund empirischer Ergebnisse eine eindeutige Antwort auf die Frage, ob der Mensch einen freien Willen hat, geben zu können: Der freie Wille sei bloß eine Illusion. Deterministen[1] aus dem Bereich der Hirnforschung nehmen dabei vor allem Bezug auf Untersuchungen zur Persönlichkeitsstörung sowie auf das „Libet-Experiment":

Der Versuchsaufbau sieht so aus: Eine Person sitzt vor einem Tisch, auf dem eine sehr schnell laufende Uhr steht. Die Person erhält folgende Instruktion: 1. Führe innerhalb eines bestimmten Zeitraums, wann immer du möchtest, eine Handbewegung aus. (Die Person kann also den Zeitpunkt der Ausführung der Bewegung frei bestimmen.)
5 2. Merke dir den Zeitpunkt, an dem dir bewusst wird, dass du die Hand bewegen willst. (Dafür muss sich die Person die Stellung des Zeigerpunktes der Uhr merken.) Während der ganzen Zeit wird über am Schädel der Person angebrachte Elektroden ihr EEG abgeleitet. Die Ergebnisse des Experiments waren auf den ersten Blick tatsächlich verblüffend. Der bewusste Wille, die Bewegung auszuführen, wird von den Versuchspersonen im Mit-
10 tel 200 ms vor Ausführung der Bewegung registriert. Jedoch bereits 550 ms bevor sich die Hand bewegt, baut sich ein Bereitschaftspotential auf, das anzeigt, dass im Gehirn der Versuchsperson eine Bewegung vorbereitet wird. Schon 350 ms, d. h. eine Drittelsekunde bevor den Versuchspersonen bewusst wird, dass sie die Bewegung ausführen wollen, beginnt ihr Gehirn also mit der Vorbereitung der Ausführung dieser Bewegung. Das ist
15 sicher verblüffend. Aber was folgt daraus […] für die Frage nach der Willensfreiheit? Roth kommt in seinem Buch *Fühlen, Denken, Handeln* zu einem klaren Schluss: Die Experimente von Libet […] zeigen, dass es keine Willensfreiheit gibt. Warum? […] Die zeitliche Reihenfolge ist das entscheidende Argument für Roth. Der Willensakt kommt zu spät; er tritt erst auf, wenn die Entscheidung längst gefallen ist,
20 wenn das Gehirn bereits entschieden hat. Also wird das, was geschieht, nicht durch den Willensakt, sondern durch Gehirnprozesse bestimmt.

---

1 Determinismus, der: Lehre von der Vorherbestimmtheit des sog. „freien" Willens durch innere und äußere Ursachen

9 a) Beschreiben Sie den Aufbau und die Durchführung des neurobiologischen Libet-Experimentes zur Willensfreiheit.
  b) Fassen Sie die im Text zitierten Schlussfolgerungen Roths zusammen und nehmen Sie Stellung dazu.
  c) Diskutieren Sie aus dieser Sichtweise der hier entwickelten Position, ob die Vertretung des Fatalismus gerechtfertigt scheint.

10 Erörtern Sie die Frage, ob Woyzeck einen freien Willen hat, und benennen Sie die praktischen Konsequenzen einer libertaristischen[1] oder deterministischen Antwort.

---

1 Libertarismus, der: (lat. libertas: Freiheit) philosophische Lehre, deren Kernprinzip die unbedingte Willens- und Handlungsfreiheit des Menschen ist

Die Schuldfrage

1 In der ersten Manuskriptfassung lässt Büchner Woyzeck sagen: „Jeder Mensch ist ein Abgrund, es schwindelt einem, wenn man hinabsieht". Entscheiden Sie sich für eine der folgenden Thesen zur Schuld Woyzecks und begründen Sie Ihre Wahl.

☐ *Woyzeck ist verantwortlich für den Mord an Marie. Ihm allein ist die Schuld zuzuweisen.*

☐ *Woyzeck trägt eine partielle Mitschuld am Mord, er ist aber nicht allein verantwortlich für Maries Schicksal.*

☐ *Woyzeck ist ein Opfer der Gesellschaft, die ihn in den Wahnsinn getrieben hat. Er ist nicht verantwortlich für sein Handeln und trägt keine Schuld an der Mordtat.*

2 Woyzeck wird nach dem Mord an Marie gesucht. Fertigen Sie ein Fahndungsplakat an, das über sein Äußeres, seine Lebensumstände und seine Eigenschaften informiert.

Projekt

Setzen Sie sich kreativ in zwei Schritten mit der Schuldfrage im Werk auseinander, um die Diskussionsergebnisse zu den Thesen aus Aufgabe 1 auszudifferenzieren.

a) **Schritt 1:** Entwerfen Sie nach dem *Think-Pair-Share*-Verfahren ein psychologisches Gutachten zu Woyzeck.

Think: Als Psychologin/Psychologe sollen Sie für eine Gerichtsverhandlung ein Gutachten über Woyzeck erstellen. Formulieren Sie geeignete Fragen für ein Anamnesegespräch (= Vorgeschichte) sowie passende Antworten, wie Woyzeck sie geben würde. Deutlich werden sollten vor allem seine innere Verfassung und die Ursachen für diese.

Pair: Suchen Sie sich ein Gegenüber aus, mit dem Sie in der anschließenden Auswertungsphase das Gespräch inszenieren möchten. Sie können die Szene vorspielen oder mit Ihrem Tablet oder Smartphone aufnehmen und dann präsentieren. Vergleichen Sie Ihre Fragen und Antworten miteinander, wählen Sie geeignete aus und verteilen Sie die Rollen (Psychologe/in und Woyzeck), die Sie mit theatralen Mitteln ausgestalten können.

→ S. 58 f.

Share: Vergleichen Sie Ihr Gutachten mit dem historischen Clarus-Gutachten und halten Sie Gemeinsamkeiten und Unterschiede fest.

b) **Schritt 2:** Diskutieren Sie anschließend, ob Woyzeck schuldig ist, indem Sie seine Gerichtsverhandlung inszenieren. Hierfür werden neben dem Angeklagten die Rollen der Richterin, des Staatsanwaltes, der Verteidigerin und die der Zeugen benötigt.

– Verfassen Sie zunächst als Staatsanwalt eine Anklageschrift im Fall „Woyzeck".

– Bereiten Sie anschließend für den weiteren Verlauf des Prozesses sowohl Argumente vor, die für die Schuld Woyzecks sprechen (Staatsanwalt), als auch Punkte, die ihn entlasten (Verteidigerin). Bedenken Sie, dass bei der Bewertung von Schuld stets auch mildernde Umstände berücksichtigt werden können. Hierbei sollten Sie sich auf das Gutachten beziehen. Berücksichtigen Sie außerdem die juristischen Definitionen von „Mord", „Totschlag" und „(verminderter) Schuldfähigkeit" im Strafgesetzbuch.

– Planen Sie auch das Verhör Woyzecks durch Staatsanwaltschaft und Verteidigung, in dem er sich zu seiner Tat und ihren Hintergründen äußert.

– Wählen Sie geeignete Zeugen aus und präparieren Sie deren Aussagen.

– Verfassen Sie jeweils ein Abschlussplädoyer sowie die anschließende Urteilsverkündung durch den Richter.

Rhetorik und Rede S. 61

→ S. 57

> **SPRACHTIPP**
>
> **Argumente formulieren und entkräften**
>
> Mit folgenden Formulierungen können Sie Ihre Argumentation vertreten:
> Für diese Sichtweise spricht …; Ein Hauptargument dafür ist …; Ein weiterer Gesichts-
> punkt ist …; Ergänzend sollte bedacht werden, dass …; Verstärkt wird dies durch …
>
> Um Argumente zu entkräften, können Sie folgende Formulierungen nutzen:
> Der Einwand ist berechtigt, aber …; Trotzdem sollte nicht übersehen werden …;
> Dennoch ist zu berücksichtigen …; Einschränkend ist darauf hinzuweisen, dass …

3 a) Lesen Sie die kurze Beschreibung des Tathergangs und analysieren Sie das
psychologische Gutachten über den historischen Johann Christian Woyzeck.

b) Fassen Sie den Prozessverlauf und das Urteil zusammen und überlegen Sie,
weshalb der Fall seinerzeit kontroverse Diskussionen ausgelöst hat. Beachten Sie –
sofern bearbeitet – die Ergebnisse Ihres Projekts zur Schuld Woyzecks.

Hans Mayer: Der historische Mordfall Woyzeck (1972)

Am 21. Juni des Jahres 1821, um halb zehn Uhr abends, ersticht der einundvierzigjährige
Friseur Johann Christian Woyzeck seine Geliebte, die sechsundvierzigjährige Witwe des
Chirurgen Woost, im Hauseingang ihrer Wohnung in der Sandgasse zu Leipzig. Die Tat
wird verübt mit einer abgebrochenen Degenklinge; Woyzeck hatte sie kurz vorher erwor-
5 ben in der Absicht, die Frau damit zu bedrohen. Am Nachmittag des Tages der Tat hatte
er noch einen Griff daran befestigen lassen. Der Täter läuft weg, als er die Frau tot vor sich
sieht (eine tiefe Brustwunde hatte sofort zum Tode geführt), wird aber gleich ergriffen
und lässt sich willig abführen. Seine Täterschaft zu leugnen, kommt ihm nicht in den
Sinn. […]
10 Der Hofrat Dr. Clarus erhält den Auftrag, Woyzeck, der sich selbst keineswegs für unzu-
rechnungsfähig oder unverantwortlich gehalten hatte, zu beobachten und seinen Geis-
teszustand zu beurteilen.

[Gutachten des Hofrats Clarus zum Mordfall Woyzeck] (1824)

[Aus der Vorrede]

Mögen […] alle, welche den Unglücklichen zum Tode begleiten, oder Zeugen desselben sein
werden, das Mitgefühl, welches der Verbrecher als Mensch verdient, mit der Überzeugung
verbinden, dass das Gesetz, zur Ordnung des Ganzen, auch gehandhabt werden müsse,
5 und dass die Gerechtigkeit, die das Schwert nicht umsonst trägt, Gottes Dienerin ist. –
Mögen Lehrer und Prediger, und alle diejenigen, welche über Anstalten des öffentlichen
Unterrichts wachen, ihres hohen Berufs eingedenk, nie vergessen, dass von ihnen eine bes-
sere Gesittung und eine Zeit ausgehen muss, in der es der Weisheit der Regierungen und
Gesetzgeber möglich sein wird, die Strafen noch mehr zu mildern, als es bereits geschehen
10 ist. – Möge die heranwachsende Jugend bei dem Anblicke des blutenden Verbrechers, oder
bei dem Gedanken an ihn, sich tief die Wahrheit einprägen, dass Arbeitsscheu, Spiel, Trun-
kenheit, ungesetzmäßige Befriedigung der Geschlechtslust, und schlechte Gesellschaft,
ungeahnet und allmählich zu Verbrechen und zum Blutgerüste führen können. – Mögen
endlich alle, mit dem festen Entschlusse, von dieser schauerlichen Handlung zurückkeh-
15 ren: Besser zu sein, damit es besser werde.
[…]

Beobachtungen, welche sich unmittelbar aus der Untersuchung des körperlichen und geistigen Zustandes des Inquisiten[1], und unabhängig von dessen eigenen Äußerungen, ergeben haben.

20 Während der ersten Minuten, nachdem er vorgeführt worden war, zitterte er gemeiniglich am ganzen Körper, so dass er selbst den Kopf nicht stillzuhalten vermögend war, und sein Puls- und Herzschlag war in diesem Zustande sehr beschleunigt und verstärkt, sobald er sich aber etwas beruhigt hatte, ließ das Zittern nach, und ich fand Puls und Herzschlag natürlich, ingleichen das Atemholen frei und gleichförmig. [...]

25 Sein Auge ist nicht sonderlich belebt, aber von natürlichem Glanz und sein Blick fest, ernst, ruhig, und besonnen, keineswegs wild, frech, verstört, unstet oder zerstreut, aber auch eben so wenig traurig, niedergeschlagen, verlegen, gedankenlos oder erloschen. [...] Seine Miene hat nichts Tückisches, Lauerndes, Abstoßendes oder Zurückschreckendes und kündigt weder Furcht und Kummer, noch Unwillen und verhaltenen Zorn, überhaupt

30 nichts Leidenschaftliches an. [...] Seine Sprache ist stark und vernehmlich, auch gehörig artikuliert und betont, nicht affektiert, nicht polternd oder schleppend, seine Art sich auszudrücken kurz, bestimmt, treffend, ohne Abschweifungen und Wiederholungen. In seinen Reden und Antworten zeigt er ohne alle Ausnahme Aufmerksamkeit, Besonnenheit, Überlegung, schnelles Auf-

35 fassen, richtiges Urteil und treues Gedächtnis. Der Verstand, dessen Anlagen zwar nicht ausgezeichnet, aber doch mehr als mittelmäßig zu nennen sind, erscheint weniger durch Erziehung und Unterricht ausgebildet, als durch mannichfaltige Schicksale, Aufenthalt in verschiedenen Ländern, Kriegsdienste, Gefahren und Mühseligkeiten geübt, gereift und zu einer praktischen Sicherheit gediehen. [...]

---

1 Inquisit, der: Angeklagter

40 **[Lebensumstände vor dem Mord]**

In der letzten Zeit sei es ihm sehr übel ergangen, weil es ihm öfters an Arbeit gefehlt habe und ihm selbst die Versuche, als Handlanger bei den Maurern oder auf der Ziegelscheune etwas zu verdienen, fehlgeschlagen seien. Er sei daher, weil er kein Schlafgeld bezahlen können, oft acht Tage lang des Nachts unter freiem Himmel geblieben, ohne sich jedoch,

45 weil er das Bivouakieren[1] gewohnt sei, viel daraus zu machen, sei auch am Tage missmutig und ohne zu wissen, was er anfangen solle, im Felde und an den einsamsten Orten umhergestrichen, bis ihn der Hunger dann und wann in die Stadt getrieben habe, um sich von seinem Stiefvater oder seinem Stiefbruder etwas zu essen geben zu lassen, worauf er immer wieder aufs Feld zurückgekehrt sei. [...]

---

1 biwakieren: (aus dem Frz.): im Freien übernachten, zelten, kampieren

[Woyzecks Verhältnis zur Woostin]

Sein Umgang mit der Woostin schreibe sich von der Zeit her, wo er bei ihrer Mutter gewohnt habe, und es sei, obgleich ein ausdrückliches Versprechen nicht stattgefunden, dennoch ihr beiderseitiger Wille gewesen, sich zu ehelichen, wozu es aber, weil es mit

55 ihm immer nicht fortgewollt habe, nicht gekommen sei. Unterstützungen habe er von der Woostin nicht erhalten, weil sie selbst nicht viel gehabt habe, und der fleischliche Umgang mit ihr sei dadurch, dass sie sich seit einiger Zeit auch mit einem andern eingelassen, obwohl es deshalb zwischen ihnen zu Streitigkeiten und Tätlichkeiten gekommen sei, dennoch nicht unterblieben, da sie ihm nicht nur den Beischlaf niemals verweigert,

60 sondern ihn sogar oftmals deshalb bestellt habe. [...]

5 Die Struktur des Dramas erfassen

Komposition

Vorwissen aktivieren

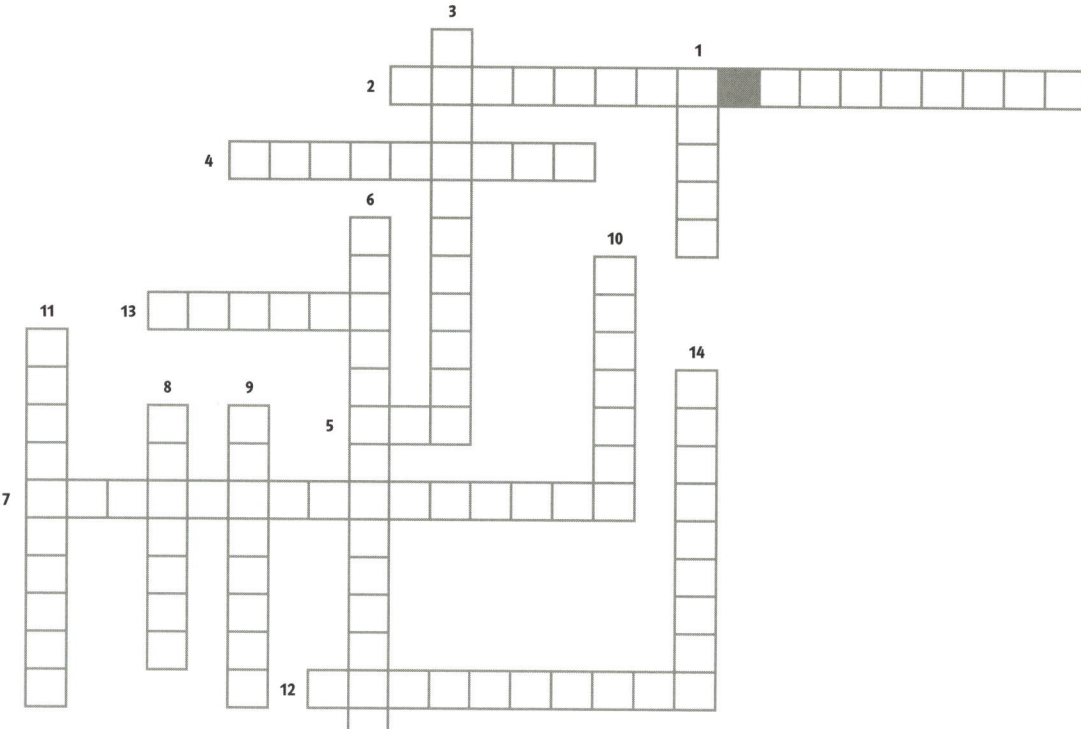

Horizontal ▶

2 lat. für: auftretende Figuren in einem Drama

4 Textelemente außerhalb der Figurenrede

5 in sich abgeschlossener Großabschnitt eines Dramas, der mit dem Aufziehen des Vorhangs beginnt und dem Zuziehen endet

7 kursiv gedruckte Informationen zum Schauplatz der Handlung, zum Aussehen der Figuren, ihrem Verhalten und ihrer Sprechweise

12 Gegenspieler des Helden

13 Wechselgespräch zweier Figuren

Vertikal ▼

1 Einheit, in die ein Aufzug oder Akt unterteilt ist, meist abgegrenzt durch das Auf- und Abtreten einer Figur oder einen Schauplatzwechsel

3 Hauptfigur bzw. Held eines Dramas

6 Anweisung an Regisseure und Schauspieler; helfen den Lesern, sich die Figuren und das Geschehen vorzustellen

8 Selbstgespräch einer Figur

9 Auseinandersetzung, die den Kern der Handlung bildet

10 Wechselgespräch mehrerer Figuren

11 einführender Teil eines Dramas (Hauptfiguren, Ort, Zeit usw.)

14 Sprechtext

1 Benennen Sie Ihnen bekannte Kennzeichen der literarischen Gattung „Drama".

2 Vervollständigen Sie das Kreuzworträtsel.

Der rote Faden

1 Im offenen Drama dienen (Leit-)Motive u.a. dazu, einzelne lose Szenen miteinander zu verbinden. Benennen Sie sprachliche Bilder oder Handlungselemente, die für *Woyzeck* eine leitmotivische Funktion einnehmen und dadurch zu einem verknüpfenden Element der Szenen werden, und geben Sie die Szenen an, in denen diese vorkommen. Legen Sie dazu folgende Tabelle an.

Leitmotiv	Textstellen/Szenen	Bedeutung/Funktion

2 Erläutern Sie, mit welchen Zusammenhängen (Figuren, Situationen, Gefühlen oder Ideen) diese Leitmotive jeweils korrespondieren, und stellen Sie deren Funktion dar. Vervollständigen Sie die Tabelle.

3 Skizzieren Sie den Aufbau von *Woyzeck* nach Freytags Modell.

Hermann Kurzke: *Woyzeck* – Drama der offenen Form? (2021)

Als erstes modernes Drama und wichtiges Exempel der offenen Form gilt oft Büchners *Woyzeck*. Das ist jedoch ein folgenschwerer Rezeptionsirrtum, der nur entstehen konnte, weil Büchners Leben zu kurz war, um mit *Woyzeck* fertig zu werden. Büchner hat, weil der Typhus ihn 1837 dahinraffte, das Drama nicht zu Ende schreiben können. Es liegen aus
5 den Jahren 1836 und 1837 vier Handschriften vor (H1 bis H4), alle unvollständig und je verschiedenen Konzeptionen zugehörig. Einen abgeschlossenen *Woyzeck* von Büchner gibt es nicht. Die Zuordnung zur offenen Form erklärt den Zufallsbefund der unfertigen Handschriften zum Formprinzip. Das ist der Rezeptionsirrtum. Denn keine dieser Handschriften zeigt einen vom Künstler gewollten Endzustand.

Dramen-
analyse
S. 61 f.

4 Diskutieren Sie, ob neben dem biografischen Argument auch die Gestaltung des Textes die These bestätigt, dass Büchners Drama nicht als Musterbeispiel für die offene Dramenform gelten kann.

Tanja van Hoorn: Georg Büchner: *Woyzeck* (2009)

Unter Nichtbeachtung der Ständeklausel wird in offener Form und loser Szenenfolge nicht das tragische Schicksal einer hohen Standesperson, sondern der unaufhaltsame Untergang eines von vornherein chancenlosen „underdog" nachgezeichnet. Die Tragödie *Woyzeck* ist ein soziales Drama.

Hermann Kurzke: Georg Büchner (2013)

Woyzeck [ist] ein soziales Drama von stupender[1] Kraft. Gerade weil niemand etwas ändern kann, wirkt das Soziale in seiner Fatalität so empörend, so grausam, so sehr als Gefängnis.

---

1 stupend: ungewöhnlich, erstaunlich, frappierend.

Michael Hofmann, Julian Kanning: *Woyzeck* – ein Sozialdrama (2013)

Büchners *Woyzeck* ist soziales Drama. Es ist das erste deutsche Drama, das einen Unter-privilegierten, einen Pauper, einen Menschen, der am unteren Rande der Gesellschaft steht, zu seinem Protagonisten macht. Die Parameter des klassischen Dramas, die einen Charakter einer Situation gegenüberstellen um auszuprobieren, wie sich der Charakter
5 bewährt, sind außer Kraft gesetzt. Woyzeck kann keine Handlungsfreiheit, keine Auto-nomie entwickeln; er ist von den Verhältnissen determiniert. Es ist die Armut, die einem selbstbestimmten Handeln Woyzecks entgegensteht und insofern die Rolle des Schick-sals übernimmt, das im antiken Drama das menschliche Handeln begrenzte. Woyzeck ist „Subjekt" zunächst nur im Sinne des Unterworfenen; das Drama zeigt, wie
10 gesellschaftliche Instanzen, vor allem Militär und (medizinische) Wissenschaft, ein Sub-jekt formen, das jeden Handlungsspielraum verloren hat. Die Armut zwingt Woyzeck zu mehreren Tätigkeiten: neben der normalen Arbeit als Soldat hat er sich aus Not für die Experimente des Doktors hergegeben.

5 Erörtern Sie anhand der drei kurzen Textausschnitte, ob Sie der These zustimmen können, dass Büchners *Woyzeck* zu dem Genre des sozialen Dramas gezählt werden sollte.

Günter Waldmann: Orte im *Woyzeck* (2020)

Es gibt keinen einheitlichen Ort des Geschehens. [...] Es [das Drama] spielt an wenigstens zwölf verschiedenen Orten. In dieser „Ortsfülle" erscheinen die Situationen, die die Perso-nen so entscheidend bedingen, es erscheinen möglichst viele Aspekte ihres „Gegenspie-lers Welt". Die Orte sind konkret und bedeutsam für das dramatische Geschehen, [...] etwa
5 die Enge von Maries Zimmer und die Weite der unbegrenzten Natur. Teilweise stellen sie – wie für Woyzeck die „Natur" auf dem Feld – Kräfte dar, die unmittelbar und tätig die Personen und das Geschehen beeinflussen.

D01 Raum-
gestaltung
S. 29

6 **PLUS** Erstellen Sie einen Überblick über die Handlungsorte des Dramas. Deuten Sie anschließend die Raumsemantik in *Woyzeck* und erläutern Sie, inwieweit diese mit der Zeit-gestaltung korrespondiert.

ÜBRIGENS

Orte, Räume und Schauplätze stehen im Drama stets in enger Verbindung mit den handeln-den Figuren. Sie bilden somit nicht nur den Hintergrund der Handlung, sondern zugleich auch den Deutungsrahmen, in dem die Charaktere und ihre Handlungen und Aussagen erschließ-bar werden.

6 Perspektiven auf das Drama kennenlernen

Deutungen

Sozialdrama   Vormärz   Revolution   Determinismus   Gesellschaft

Nihilismus   Freiheit   Armut   Resignation   Idealismus

Ungleichheit   ...

Fatalismus   Militär   Aufbegehren

Kriminalfall   ...   Psychose   offenes Drama   Unterdrückung

Macht   Mord

...   Humanexperiment   Materialismus   ...

☐ A. Glück knüpft an den Gedanken aus der Forschung an, dass Woyzeck keine schwere Knochenarbeit verrichte (z. B. in Bergwerken oder Steinbrüchen), sondern nur leichte Arbeiten wie das Rasieren des Hauptmannes. Ebenso werde Woyzeck oft in seiner Freizeit (z. B. auf dem Jahrmarkt oder im Wirtshaus) gezeigt, sodass eine Zuordnung zur „sozialen Tragödie" unangemessen erscheine.

☐ *A. Glück:* Das ganze Stück lässt sich als Gerichtsspiel auffassen: als Revision, die Büchner gegen das Urteil im historischen Prozess Woyzeck einlegt. Der Dichter stellt
5 die Bedrücker, Ankläger und Richter, den Psychiater Clarus und die militärischen Vorgesetzten des Füsiliers (letztere in Person), die Täter (ausführende Organe des Systems) und ihre Handlanger vor das Tribunal der
10 Tragödie

☐ B. von Wiese: Das Tragische wurzele für Büchner nicht nur in der ökonomischen Lebensnot, sondern in der Not des Daseins überhaupt. Der arme Mensch sei der in das
5 Sein ausgesetzte Mensch. Woyzeck ängstige sich, seine Urangst vor dem dunklen Geheimnis des Seins sei die Angst vor dem Nichts, vor namenlosen Dämonen, namenlosen Mächten, denen er am Ende erliegt.

☐ *A. Glück:* So könnten in dem gehetzten Woyzeck auch Momente unbewusster Selbstdarstellung eingeflossen sein: Büchners atemloses Produzieren [...] und die
5 Ängste des verfolgten Emigranten [...], beides mitschuldig an seinem frühen Tod.

☐ *Hermann Kurzke:* „Woyzeck" ist auch keine Pauperismus-Studie, kein Drama einer heraufziehenden sozialen Revolution, sondern eine Liebestragödie unter Armuts-
5 bedingungen. Woyzeck ist arm, aber sein Motiv ist nicht das Geld. Sein Mord ist keine Ersatzhandlung für eine soziale Revolution, sondern die Verzweiflungstat eines Mannes, dessen verriegelte Welt nur einen ein-
10 zigen Lichtblick kannte: die Liebe zu Marie. Die kümmerlichen Lebensumstände hatten sich wie ein Sarg um ihn geschlossen, den nur die Liebe eine Ritze weit offenhielt. Maries Untreue schlägt den Sarg zu.

1 Betrachten Sie die Wortwolke zu den Themen und Motiven in Büchners Drama und ergänzen Sie sie ggf. Fassen Sie die Ausdrücke in Wortfeldern zusammen und bezeichnen Sie diese mit einem passenden Oberbegriff. Formulieren Sie ausgehend von den Wörtern anschließend eine eigene Deutungshypothese zum Werk.

2 Kreuzen Sie den weiterführenden Deutungsansatz an, der Ihnen am plausibelsten erscheint, und begründen Sie Ihre Entscheidung textgestützt.

7 Das Wichtigste festhalten

Concept-Map

1 Entwickeln Sie eine Concept-Map zu Büchners Drama *Woyzeck*, um die wesentlichen Themen, Motive, Hintergründe und philosophischen Ideen des Werkes zu visualisieren. Gehen Sie wie folgt vor:

1. Schritt: **Wichtige Oberbegriffe festlegen** ↓	Sichten Sie noch einmal Ihre Unterlagen (und die Wortwolke zu Beginn des Moduls 6 „Deutungen", S. 63). Überlegen Sie, welche Oberbegriffe und Schlagwörter am wichtigsten sind.
2. Schritt: **Oberbegriffe aufschreiben** ↓	Schreiben Sie die Oberbegriffe auf kleine Kärtchen oder Post-its (Klebezettel). Es könnten bspw. folgende Begriffe sein: „Idealismus", „Materialismus", „Unterdrückung" usw.
3. Schritt: **Kärtchen anordnen** ↓	Legen Sie alle Kärtchen auf ein DIN-A3-Blatt und gruppieren Sie zusammenhängende Begriffe. Es ist wichtig, dass Sie zwischen den einzelnen Kärtchen genug Platz lassen, falls Ihnen später noch Begriffe einfallen, die Sie ergänzen möchten.
4. Schritt: **Kärtchen festkleben** ↓	Betrachten Sie nochmals die Anordnung der Begriffe. Wenn Sie damit zufrieden sind, können Sie die Kärtchen in der Position festkleben.
5. Schritt: **Zusammenhängende Begriffe verbinden und Vernetzungen erklären** ↓	Verbinden Sie die Begriffe, die etwas miteinander zu tun haben, mit einer Linie. Versehen Sie die Verbindungslinien mit sinnvollen Erklärungen. Um die Verbindung zwischen den Begriffen zu erklären, müssen Sie auf jede Verbindungslinie einen Satz, ein Wort oder eine Frage schreiben. Verdeutlichen Sie Ihre Erklärungen, indem Sie die Pfeilspitzen hinzufügen.
6. Schritt: **Begriffe ergänzen** ↓	Betrachten Sie Ihre Concept-Map noch einmal und überlegen Sie, ob Sie noch Kärtchen ergänzen möchten.
7. Schritt: **Zusammenstellungen auswerten**	Stellen Sie sich Ihre Concept-Maps gegenseitig vor oder legen Sie diese aus und begeben Sie sich auf einen Galerierundgang. Machen Sie sich hierbei Notizen (z. B. Anregungen für Veränderungen, Unklarheiten, Ergänzungen) und besprechen Sie diese anschließend im Plenum.

2 Zusätzlich oder alternativ können Sie Ihr Textverständnis sichern, indem Sie sich kreativ-gestaltend mit den zentralen Aspekten des Dramas auseinandersetzen, z. B.

→ S. 37

- mit der Erstellung einer eigenen Graphic Novel oder eines eigenen Comics/Cartoons
- mit der Entwicklung eines Drehbuchs/Storyboards zu einer oder mehreren (Kern-)Szenen, ggf. mitsamt einer eigenen Verfilmung
- mit der Konzeption eines „Buddy-Book"

MK
- mit der Erstellung eines Audios oder eines (verfilmten) szenischen Spiels: Christian kehrt als Erwachsener in die hessische Garnisonsstadt zurück und möchte etwas über seine Eltern in Erfahrung bringen. Dazu befragt er verschiedene Figuren (z. B. den Hauptmann, den Doktor, den Tambourmajor, …). Was könnten diese Christian berichten?

II Lebensstationen
Literatur und Revolte

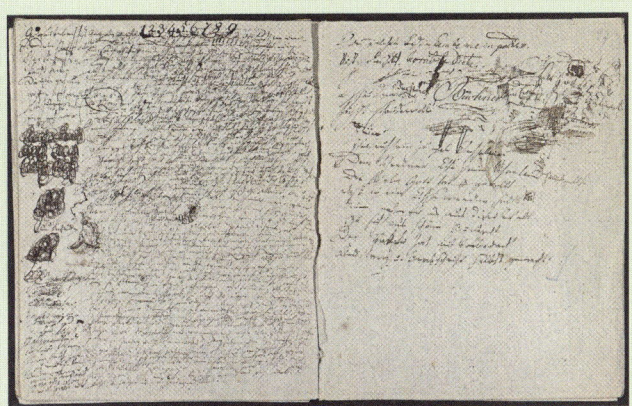

Darmstadt 1813–1831: Kindheit und Jugend
Eine der letzten Seiten aus einem Schulheft Büchners mit Schmähungen gegen seinen Lehrer, (teils erotischen) Zeilen aus Volksliedern sowie Zitaten aus *Faust I* und Shakespeares Dramen.
Foto: Klassik Stiftung Weimar

Darmstadt und Gießen 1833–1835
Nach einer kurzen Rückkehr nach Darmstadt führt Büchner sein Medizinstudium in Gießen fort. Im März 1834 verfasst er einen ersten Entwurf des *Hessischen Landboten* und ist wenige Wochen später maßgeblich an der Gründung der revolutionären Geheimorganisation *Gesellschaft der Menschenrechte* beteiligt, die unter anderem Druck und Verbreitung der Flugschrift organisiert. In einem Gartenlokal bei der Ruine Badenburg in der Nähe von Gießen wird die Veröffentlichung der Schrift in der Fassung Weidigs beschlossen.

Straßburg 1831–1833: Medizinstudium
Büchner belegt Seminare verschiedener naturwissenschaftlicher Fachrichtungen, u.a. Chemie, Anatomie und Physiologie. Außerdem gilt sein Interesse sozialen und politischen Fragen. Er verliebt sich in Wilhelmine, die Tochter des protestantischen Pfarrers Johann Jakob Jaeglé, bei dem er wohnt.

Zürich 1836/1837: Büchners Grab- und Gedenkstein
Büchner arbeitet weiter an verschiedenen Entwürfen zu *Woyzeck* und vollendet sein Lustspiel *Leonce und Lena*. Im Februar 1837 erkrankt er an Typhus.

1 Welche Eindrücke lassen sich durch die Bilder über die Person Büchners gewinnen?

2 Inwiefern lässt sich anhand der Lebensstationen Büchners Weg zum politischen Schriftsteller nachzeichnen?

ÜBRIGENS

Das Georg-Büchner-Portal der Universität Marburg stellt zahlreiche valide Informationen zum Autor, seinem Werk und den Briefen zusammen, auf die Sie z.B. bei Klausur- oder Referatsvorbereitungen zurückgreifen könnten.

1 Büchners Biografie kennenlernen

„Ich sitze am Tage mit dem Skalpell und die Nacht mit den Büchern."

1813	
1831	
1832	
1833	
1834	
1836	
1837	

1 Recherchieren Sie zu Büchners Leben und vervollständigen Sie den Zeitstrahl.

ca. 1835	2013	heute

→ S.34, 42

2 Erläutern Sie, inwieweit die Darstellung Büchners von 1835 zu seinen politischen Haltungen und Weltanschauungen passt. Erinnern Sie sich an die Zitate auf der Auftaktseite des Kapitels sowie den Brief vom 01.01.1836.

3 Bei der zweiten Darstellung handelt es sich um das von Olaf Hajek kreierte Cover für eine Ausgabe des politischen Magazins *Cicero* mit dem Titel *Der Dichter-Punk. Berserker der Gerechtigkeit, Ahnherr der Empörten – Warum Georg Büchner so aktuell ist wie nie.* Erläutern Sie Parallelen und Unterschiede zwischen den beiden Büchner-Porträts und legen Sie dar, wie Hajek die Aktualisierung des Dichters gelingt.

4 Stellen Sie Büchners unveränderte Aktualität dar, indem Sie die Ahnentafel „seiner Nachfolger im Geiste" mit einem selbst gestalteten Porträt vervollständigen. Begründen Sie Ihre Darstellung.

2 Büchners Poetologie analysieren

„Setzt die Leute aus dem Theater auf die Gasse."

1 Benennen Sie Funktionen, die Literatur aus Ihrer Perspektive erfüllt.

Friedrich Schiller: Über die ästhetische Erziehung des Menschen, Neunter Brief (1794)

[...] Alle Verbesserung im Politischen soll von Veredlung des Charakters ausgehen – aber wie kann sich unter den Einflüssen einer barbarischen Staatsverfassung der Charakter veredeln? Man müsste also zu diesem Zwecke ein Werkzeug aufsuchen, welches der Staat nicht hergibt, und Quellen dazu eröffnen, die sich bei aller politischen Verderbnis rein
5 und lauter[1] erhalten, [...]. Dieses Werkzeug ist die schöne Kunst, diese Quellen öffnen sich in ihren unsterblichen Mustern. Von allem, was positiv[2] ist und was menschliche Konventionen einführten, ist die Kunst wie die Wissenschaft losgesprochen, und beide erfreuen sich einer absoluten Immunität von der Willkür des Menschen. Der politische Gesetzgeber kann ihr Gebiet sperren, aber darin herrschen kann er nicht. Er kann den
10 Wahrheitsfreund ächten, aber die Wahrheit besteht; er kann den Künstler erniedrigen, aber die Kunst kann er nicht verfälschen. Zwar ist nichts gewöhnlicher, als dass beide, Wissenschaft und Kunst, dem Geist des Zeitalters huldigen und der hervorbringende Geschmack von dem Beurteilenden das Gesetz empfängt. [...] Der Künstler ist zwar der Sohn seiner Zeit, aber schlimm für ihn, wenn er zugleich ihr Zögling oder gar noch ihr
15 Günstling ist. Eine wohltätige Gottheit reiße den Säugling beizeiten von seiner Mutter Brust, nähre ihn mit der Milch eines bessern Alters und lasse ihn unter fernem griechischen Himmel zur Mündigkeit reifen. Wenn er dann Mann geworden ist, so kehre er, eine fremde Gestalt, in sein Jahrhundert zurück; aber nicht, um es mit seiner Erscheinung zu erfreuen, sondern furchtbar wie Agamemnons Sohn[3], um es zu reinigen. Den Stoff
20 zwar wird er von der Gegenwart nehmen, aber die Form von einer edleren Zeit, ja, jenseits aller Zeit, von der absoluten unwandelbaren Einheit seines Wesens entlehnen. Hier aus dem reinen Äther[4] seiner dämonischen[5] Natur rinnt die Quelle der Schönheit herab, unangesteckt von der Verderbnis der Geschlechter und Zeiten, welche tief unter ihr in trüben Strudeln sich wälzen. Seinen Stoff kann die Laune entehren, wie sie ihn geadelt
25 hat, aber die keusche Form ist ihrem Wechsel entzogen. Der Römer des ersten Jahrhunderts hatte schon längst die Knie vor seinen Kaisern gebeugt, als die Bildsäulen noch aufrecht standen; die Tempel blieben dem Auge heilig, als die Götter längst zum Gelächter dienten, und die Schandtaten eines Neros[6] und Commodus[7] beschämte der edle Stil des Gebäudes, das seine Hüllen dazu gab. Die Menschheit hat ihre Würde verloren, aber die
30 Kunst hat sie gerettet und aufbewahrt in bedeutenden Steinen; die Wahrheit lebt in der Täuschung[8] fort, und aus dem Nachbilde wird das Urbild wiederhergestellt werden. So wie die edle Kunst die edle Natur überlebte, so schreitet sie derselben auch in der Begeisterung, bildend und erweckend, voran. Ehe noch die Wahrheit ihr siegendes Licht in die Tiefen der Herzen sendet, fängt die Dichtungskraft ihre Strahlen auf, und die Gipfel der
35 Menschheit werden glänzen, wenn noch feuchte Nacht in den Tälern liegt. Wie verwahrt sich aber der Künstler von den Verderbnissen seiner Zeit, die ihn von allen Seiten umfangen? Wenn er ihr Urteil verachtet. Er blicke aufwärts nach seiner Würde und dem Gesetz[9],

nicht niederwärts nach dem Glück und nach dem Bedürfnis. Gleich frei von der eiteln
Geschäftigkeit, die in den flüchtigen Augenblick gern ihre Spur drücken möchte, und von
dem ungeduldigen Schwärmergeist, der auf die dürftige Geburt der Zeit den Maßstab des
40 Unbedingten anwendet, überlasse er dem Verstande, der hier einheimisch ist, die Sphäre
des Wirklichen; er strebe, aus dem Bunde des Möglichen mit dem Notwendigen das Ideal
zu erzeugen.

---

1 lauter: aufrichtig, ehrlich   2 positiv: hier: vom Menschen gesetzt (vgl. „positives Recht")   3 Agamemnons
Sohn: In der griechischen Mythologie rächt Orestes den Tod seines Vaters Agamemnon, indem er seine Mutter
Klytaimnestra und ihren Liebhaber Aigisthos tötet, die Agamemnon nach seiner Rückkehr aus dem Trojanischen
Krieg umgebracht hatten   4 Äther, der: reiner, höherer, himmlischer Luftraum   5 dämonisch: hier: geistig, von
Geist durchdrungen   6 Nero Claudius Caesar Augustus Germanicus (37–68): Römischer Kaiser von 54 bis 68
7 Commodus (161–192): Römischer Kaiser von 180 bis 192   8 Täuschung, die: hier: die Fiktionalität der Kunst
9 Gesetz, das: hier: Bezug auf die Ethik Kants, insbesondere auf den Kategorischen Imperativ

2 Analysieren Sie Schillers neunten Brief aus seiner philosophischen Schrift
Über die ästhetische Erziehung des Menschen aspektorientiert mit Blick auf sein
Verständnis von „Idealdichtung".

3 **PLUS** Entwickeln Sie ein umfangreiches Bild von Schillers Dichtungsbegriff durch die
Bearbeitung des fünften Briefes und seiner Schrift *Über das Erhabene*.
Recherchieren Sie im Internet nach dem Friedrich-Schiller-Archiv, dort finden Sie die Texte.

Immanuel Kant: Idee zu einer allgemeinen Geschichte in weltbürgerlicher Absicht (1784)

Die Natur hat gewollt: dass der Mensch alles, was über die mechanische Anordnung
seines tierischen Daseins geht, gänzlich aus sich selbst herausbringe und keiner anderen Glückseligkeit oder Vollkommenheit teilhaftig werde, als die er sich selbst frei von
Instinkt, durch eigene Vernunft, verschafft hat. [...] Da sie [die Natur] dem Menschen
5 Vernunft und darauf sich gründende Freiheit des Willens gab, so war das schon eine klare
Anzeige ihrer Absicht in Ansehung seiner Ausstattung. Er sollte nämlich nun nicht durch
Instinkt geleitet, oder durch anerschaffene Kenntnis versorgt oder unterrichtet sein; er
sollte vielmehr alles aus sich selbst herausbringen. [...] alle Ergötzlichkeit, die das Leben
angenehm machen kann, selbst seine Einsicht und Klugheit und sogar die Gutartigkeit
10 seines Willens sollten gänzlich sein eigen Werk sein.

Georg Büchner: Brief an die Eltern in Darmstadt (28.07.1835)

[...] [D]er dramatische Dichter ist in meinen Augen nichts, als ein Geschichtsschreiber,
steht aber über Letzterem dadurch, dass er uns die Geschichte zum zweiten Mal erschafft
und uns gleich unmittelbar, statt eine trockne Erzählung zu geben, in das Leben einer
Zeit hineinversetzt, uns statt Charakteristiken Charaktere, und statt Beschreibungen
5 Gestalten gibt. Seine höchste Aufgabe ist, der Geschichte, wie sie sich wirklich begeben,
so nahe als möglich zu kommen. Sein Buch darf weder sittlicher noch unsittlicher sein als
die Geschichte selbst; aber die Geschichte ist vom lieben Herrgott nicht zu einer Lektüre
für junge Frauenzimmer geschaffen worden, und da ist es mir auch nicht übel zu nehmen,
wenn mein Drama ebenso wenig dazu geeignet ist. Ich kann doch aus einem Danton und
10 den Banditen der Revolution nicht Tugendhelden machen! Wenn ich ihre Liederlichkeit
schildern wollte, so musste ich sie eben liederlich sein, wenn ich ihre Gottlosigkeit zeigen
wollte, so musste ich sie eben wie Atheisten sprechen lassen. Wenn einige unanstän-

dige Ausdrücke vorkommen, so denke man an die weltbekannte, obszöne Sprache der
damaligen Zeit, wovon das, was ich meine Leute sagen lasse, nur ein schwacher Abriss
15 ist. Man könnte mir nur noch vorwerfen, dass ich einen solchen Stoff gewählt hätte. Aber
der Einwurf ist längst widerlegt. Wollte man ihn gelten lassen, so müssten die größten
Meisterwerke der Poesie verworfen werden. Der Dichter ist kein Lehrer der Moral, er
erfindet und schafft Gestalten, er macht vergangene Zeiten wieder aufleben, und die
Leute mögen dann daraus lernen, so gut, wie aus dem Studium der Geschichte und der
20 Beobachtung dessen, was im menschlichen Leben um sie herum vorgeht. Wenn man so
wollte, dürfte man keine Geschichte studieren, weil sehr viele unmoralische Dinge darin
erzählt werden, müsste mit verbundenen Augen über die Gasse gehen, weil man sonst
Unanständigkeiten sehen könnte, und müsste über einen Gott Zeter schreien, der eine
Welt erschaffen, worauf so viele Liederlichkeiten vorfallen. Wenn man mir übrigens noch
25 sagen wollte, der Dichter müsse die Welt nicht zeigen wie sie ist, sondern wie sie sein
solle, so antworte ich, dass ich es nicht besser machen will als der liebe Gott, der die Welt
gewiss gemacht hat, wie sie sein soll. Was noch die sogenannten Idealdichter anbetrifft,
so finde ich, dass sie fast nichts als Marionetten mit himmelblauen Nasen und affek-
tiertem Pathos, aber nicht Menschen von Fleisch und Blut gegeben haben, deren Leid
30 und Freude mich mitempfinden macht, und deren Tun und Handeln mir Abscheu oder
Bewunderung einflößt. Mit einem Wort, ich halte viel auf Goethe und Shakespeare, aber
sehr wenig auf Schiller. [...]

4 Halten Sie die zentralen Merkmale der Auffassung Büchners vom Wesen der Kunst, das er
in dem Brief an seine Familie beschreibt, stichpunktartig fest. Ergänzen Sie Textbelege aus
Woyzeck, die seine Position illustrieren.

Wesen der Kunst	Textbelege aus *Woyzeck*

 Klassik
01 S. 12 f.

5 Stellen Sie Schillers Verständnis einer „Idealdichtung" sowie Kants Vernunftbegriff Büchners
Auffassung von der Bestimmung der Kunst gegenüber.
   - Bereiten Sie mit einer Partnerin/einem Partner ein Streitgespräch zwischen Schiller und
     Büchner über die verschiedenen Positionen zur dramatischen Dichtung vor. Hier sollten
     die zuvor erarbeiteten Parallelen und Unterschiede deutlich werden. Inszenieren Sie
     dieses anschließend vor der Klasse.
   - Diskutieren Sie, welches dramentheoretische Modell nach Ihrem Dafürhalten geeigneter
     ist, wenn die Kunst auf eine erzieherische Wirkung aus ist, und mit welchem Sie sich
     grundsätzlich identifizieren können.

3 Werkkontexte erschließen

Büchners Abneigung gegen „Kunst und Mechanismus"

Georg Büchner: Dantons Tod (1835)

. **MERCIER** Und die Moral?

. **PAYNE** Erst beweist ihr Gott aus der Moral und dann die Moral aus Gott. Was wollt ihr
. denn mit eurer Moral? Ich weiß nicht, ob es an und für sich was Böses oder was Gutes
. gibt und habe deswegen noch nicht nötig meine Handlungsweise zu ändern. Ich
5 handle meiner Natur gemäß, was ihr angemessen, ist für mich gut und ich tue es und
. was ihr zuwider, ist für mich bös und ich tue es nicht und verteidige mich dagegen,
. wenn es mir in den Weg kommt.

Georg Büchner: Dantons Tod (1835)

. **ERSTER BÜRGER** [...] Ihr habt Kollern im Leib[1] und sie haben Magendrücken[2], ihr habt
. Löcher in den Jacken und sie haben warme Röcke, ihr habt Schwielen in den Fäusten
. und sie haben Samthände. Ergo ihr arbeitet und sie tun nichts, ergo ihr habt's erwor-
. ben und sie haben's gestohlen; ergo, wenn ihr von eurem gestohlnen Eigentum ein
5 paar Heller wiederhaben wollt, müsst ihr huren und betteln; ergo sie sind Spitzbuben
. und man muss sie totschlagen.

. **DRITTER BÜRGER** [...] Unser Leben ist der Mord durch Arbeit, wir hängen sechzig Jahre
. lang am Strick und zappeln, aber wir werden uns losschneiden.

---

1 Kollern im Leib: metaphorisch für: Hunger
2 Magendrücken: hier: Anzeichen für einen übervollen Bauch, übermäßiges Essen

Georg Büchner: Leonce und Lena (1836)

. **VALERIO** Nun Sie sollen König werden, das ist eine lustige Sache. Man kann den ganzen
. Tag spazieren fahren und den Leuten die Hüte verderben durch's viele Abziehen, man
. kann aus ordentlichen Menschen ordentliche Soldaten ausschneiden, so dass alles
. ganz natürlich wird, man kann schwarze Fräcke und weiße Halsbinden zu Staats-
5 dienern machen, und wenn man stirbt, so laufen alle blanken Knöpfe blau an und die
. Glockenstricke reißen wie Zwirnsfäden vom vielen Läuten. Ist das nicht unterhaltend?

1 Vergleichen Sie die Auszüge aus *Dantons Tod* und *Leonce und Lena* thematisch und
motivisch mit *Woyzeck*.

	Dantons Tod	*Leonce und Lena*	*Woyzeck*
Gemeinsamkeiten			
Unterschiede			

Georg Büchner: Dantons Tod (1835)

CAMILLE Ich sage euch, wenn sie nicht alles in hölzernen Kopien bekommen, verzettelt in Theatern, Konzerten und Kunstausstellungen, so haben sie weder Augen noch Ohren dafür. Schnitzt einer eine Marionette, wo man den Strick hereinhängen sieht, an dem sie gezerrt wird und deren Gelenke bei jedem Schritt in fünffüßigen Jamben
5 krachen – welch ein Charakter, welche Konsequenz! Nimmt einer ein Gefühlchen, eine Sentenz, einen Begriff, und zieht ihm Rock und Hosen an, macht ihm Hände und Füße, färbt ihm das Gesicht und lässt das Ding sich drei Akte hindurch herumquälen, bis es sich zuletzt verheiratet oder sich totschießt – ein Ideal! [...]
Setzt die Leute aus dem Theater auf die Gasse: die erbärmliche Wirklichkeit! – Sie ver-
10 gessen ihren Herrgott über seinen schlechten Kopisten. Von der Schöpfung, die glühend, brausend und leuchtend, um und in ihnen, sich jeden Augenblick neu gebiert, hören und sehen sie nichts. Sie gehen ins Theater, lesen Gedichte und Romane, schneiden den Fratzen darin die Gesichter nach und sagen zu Gottes Geschöpfen: wie gewöhnlich!

Georg Büchner: Leonce und Lena (1836)

VALERIO Aber eigentlich wollte ich einer hohen und geehrten Gesellschaft verkündigen, dass hiermit die zwei weltberühmten Automaten angekommen sind und dass ich vielleicht der dritte und merkwürdigste von beiden bin, wenn ich eigentlich selbst recht wüsste, wer ich wäre, worüber man übrigens sich nicht wundern dürfte, da ich
5 selbst noch gar nichts von dem weiß, was ich rede, ja auch nicht einmal weiß, dass ich es nicht weiß, so dass es höchst wahrscheinlich ist, dass man mich nur so reden lässt, und es eigentlich nichts als Walzen und Windschläuche sind, die das alles sagen. (Mit schnarrendem Ton.) Sehen Sie hier, meine Herren und Damen, zwei Personen beiderlei Geschlechts, ein Männchen und ein Weibchen, einen Herrn und eine Dame. Nichts als
10 Kunst und Mechanismus, nichts als Pappendeckel und Uhrfedern.

Georg Büchner: Lenz (1835/36)

Er [Lenz] sagte: Die Dichter, von denen man sage, sie geben die Wirklichkeit, hätten auch keine Ahnung davon; doch seien sie immer noch erträglicher als die, welche die Wirklichkeit verklären wollten. Er sagte: Der liebe Gott hat die Welt wohl gemacht, wie sie sein soll, und wir können wohl nicht was Besseres klecksen; unser einziges Bestreben soll sein,
5 ihm ein wenig nachzuschaffen. Ich verlange in allem – Leben, Möglichkeit des Daseins, und dann ist´s gut; wir haben dann nicht zu fragen, ob es schön, ob es hässlich ist. Das Gefühl, dass, was geschaffen sei, Leben habe, stehe über diesen beiden und sei das einzige Kriterium in Kunstsachen.[...]
Man muss die Menschheit lieben, um in das eigentümliche Wesen jedes einzudringen;
10 es darf einem keiner zu gering, keiner zu hässlich sein, erst dann kann man sie verstehen; das unbedeutendste Gesicht macht einen tiefern Eindruck als die bloße Empfindung des Schönen, und man kann die Gestalten aus sich heraustreten lassen, ohne etwas vom Äußern hineinzukopieren, wo einem kein Leben, keine Muskeln, kein Puls entgegenschwillt und pocht.

→ S. 68 f. **2 PLUS** Illustrieren Sie anhand der Ausschnitte aus *Dantons Tod*, *Leonce und Lena* und *Lenz* Büchners dramentheoretische Position.

III Literatur- und Zeitgeschichte
Auf- und Umbrüche im Vormärz

„Junges Deutschland"

„Die Göttinger Sieben"

Karikatur:
Die unartigen Kinder
(Holzstich, 1847)

1 Was können Sie über die abgebildeten Personengruppen und deren Zielsetzungen
herausfinden?

2 Was lässt sich hieraus mit Blick auf den Zeitgeist ableiten?

1 Epochenmerkmale reflektieren

Nachhall der Revolution in der Restaurationsepoche

Biedermeier, Vormärz, Realismus S. 16 f.

1 Stellen Sie ein Lernplakat zur Literatur der Restaurationsepoche mit dem Schwerpunkt auf dem Vormärz zusammen. Die folgenden Aspekte sollten abgedeckt werden:
- allgemeingeschichtlicher Hintergrund, Lebenskonzept, Weltentwurf, Menschenbild
- Literatur und ästhetische Theorie
- Vertreter und Hauptwerke

2 Prüfen Sie, ob Büchners *Woyzeck* ein paradigmatisches Werk der Vormärzliteratur darstellt.

Epochenüberblick

Revolution und Restauration

Die Zeit zwischen 1815 und 1848 ist vom Gegensatz zwischen Revolution und Restauration geprägt. Nach dem Sturz Napoleons sollten in Europa möglichst die vorrevolutionären Verhältnisse wiederhergestellt werden; der Wiener Kongress 1815 endete – trotz des großen Freiheitsdrangs der Bürger (vornehmlich der Intellektuellen) – tatsächlich mit der Wiederherstellung der alten Herrschaftsordnung (Restauration), wie sie vor der Französischen Revolution 1789 bestanden hatte. Der Adel bestimmte wieder die Landespolitik, und das Bürgertum war weitgehend von den politischen Entscheidungen ausgeschlossen. Unter Preußens und Österreichs Führung wurde ein deutscher Staatenbund (der „Deutsche Bund") mit Sitz in Frankfurt gegründet. Mit den Karlsbader Beschlüssen von 1819 wurde durch eine scharfe Zensur von Büchern und Zeitschriften die Pressefreiheit weiter eingeschränkt und die sog. „Demagogenverfolgung", d. h. die Verhaftung liberal denkender Bürger, begann.

Streben nach Freiheit

Doch die Zeit ließ sich nicht gänzlich zurückdrehen. Sichtbares Zeichen einer liberalen Gegenbewegung war in Frankreich die Julirevolution von 1830, die in Deutschland eine starke Politisierungswelle auslöste, die im Hambacher Fest 1832 gipfelte, auf dem für eine freiheitliche Verfassung und die Einheit Deutschlands protestiert wurde. Um die Forderungen nach mehr bürgerlichen Freiheiten und nationaler Einheit zu unterbinden, wurden die Zensurmaßnahmen weiter verschärft. Der Machtapparat reagierte außerdem mit

weiteren Verhaftungen, dem Verbot der Burschenschaften, der Einschränkung der Lehrfreiheit und der Aufhebung der Versammlungsfreiheit.

Seit 1840 verschärften sich die wirtschaftlichen und sozialen Probleme unübersehbar. Sie entluden sich immer häufiger in lokalen Aufständen, z. B. in der Hungerrevolte der schlesischen Weber 1844. Bürgerliche Schriftsteller nahmen sich der Sache der Demokratie und der sozialen Gerechtigkeit entschiedener an als je zuvor. Die gescheiterte Märzrevolution 1848 bildete einen vorläufigen Endpunkt der Einheits- und Unabhängigkeitsbestrebungen gegen die Restauration.

Die Opposition gegen die Restaurationspolitik rekrutierte sich vor allem aus der Studentenschaft (Burschenschaften). 1835 wurden die Schriften des sog. „Jungen Deutschland" (bspw. Heinrich Heine, Ludolf Wienbarg, Karl Gutzkow, Ludwig Börne und Heinrich Laube) durch den Bundestag in Frankfurt verboten. Wegen der harten Zensurbestimmungen waren die Schriftsteller ständig von Publikationsverboten und Haftstrafen bedroht, und das in einer Zeit, in der die Presse eine entscheidende politische Macht geworden war.

Während Deutschland im sog. „langen 19. Jahrhundert" politisch immer mehr zu einem „Wintermärchen" (Heine) erstarrte, nahmen Handel und Gewerbe, Industrie, insbesondere Bergbau und Eisenbahnbau, stetig zu. Der Aufstieg der Bourgeoisie und die Verelendung der arbeitenden Bevölkerung in den schnell wachsenden Städten (Pauperismus) nahmen ihren Anfang.

73

Diese Entwicklung hinterließ auch im Denken der Zeit ihre Spuren. Nun wurde die Abhängigkeit des Einzelnen von den Lebensumständen, in die er hineingeboren wurde (Determinismus, Materialismus), gesehen und man dachte darüber nach, wie Fortschritte hin zu mehr sozialer Gerechtigkeit und mehr Freiheit in persönlichen, wissenschaftlichen oder religiösen Dingen erreicht werden könnten. Auch Fragen der Emanzipation bisher unterprivilegierter Gruppen (Bauern, Juden, Frauen) wurden diskutiert.

Einfluss der Literatur

Die Autoren dieser Zeit verstanden sich alle als politische Schriftsteller und als dezidierte Gegner der 36 Landesherren. Ihr politisches Credo reichte vom gemäßigten Liberalismus bis zum radikalen Republikanismus. Sie waren geeint im Kampf gegen die moralischen und sozialen Normen der Restaurationszeit. Ihr gemeinsamer Nenner waren die Ablehnung des restaurativen Systems und ihr Kampf für Freiheit, Gleichheit und Emanzipation. Das Signal der Studenten auf dem Wartburgfest 1817, vor allem aber die Forderungen infolge der Julirevolution nach einer demokratischen Verfassung und der Einheit Deutschlands, forcierten die engagierte Kritik politischer und sozialer Verhältnisse. Besonders im Jahrzehnt vor der Märzrevolution entstand eine Tendenzdichtung, die leidenschaftlich Partei für die Schwachen und Entrechteten ergriff (Kritik von Ausbeutung, Unterdrückung, Armut und Elend). Diesen durchaus unterschiedlichen kritischen Positionen entsprach eine provokante Sprache des Engagements, der Ironie und des Spotts.

Politische Umbrüche und die vordringende Industrialisierung zwangen im Frührealismus zu einer schonungslosen Auseinandersetzung mit der Wirklichkeit und damit zu einer Abkehr von der sog. „Kunstperiode" (Heine), den Idealen von Klassik und Romantik. Geprägt von der Überzeugung, dass sie ihre politische Wirkungskraft entfalten und der öffentlichen Aufklärung dienen müsse, wandte sich auch die Literatur des Vormärz gegen Monarchie und Absolutismus, die Zensur, einen dogmatischen Katholizismus, scheinheiliges Philistertum und die Entrechtung der Frauen. Wie auch die

Autoren des „Jungen Deutschland" waren die Vormärzdichter alle journalistisch tätig. Die Schriftsteller, die für eine revolutionäre Erneuerung schrieben, wurden als Vorläufer der Märzrevolution angesehen und deshalb als „Vormärzautoren" geführt. Die Bezeichnung „Vormärz" spiegelt dabei zwei Aspekte wider: Zum einen bezeichnet sie den Zeitabschnitt bis zur Märzrevolution, zum anderen die politische Radikalisierung der Literatur. Der Begriff des Vormärz wird häufig als unscharf kritisiert, und der Beginn dieser Epoche ist umstritten. Zu der Literatur des Vormärz wird die Autorengruppe des „Jungen Deutschland" gezählt, der Biedermeier steht im Gegensatz zu dieser Literatur.

Die Autoren des „Jungen Deutschland" und des Vormärz knüpften an die Vernunftethik der Aufklärung an und verbanden die Forderung nach Freiheit und politischer Selbstbestimmung mit sozialistischen Positionen. Maßgeblich für die Ausgestaltung frühsozialistischer Gedanken waren Henri de Saint-Simon, französischer Soziologe und Philosoph, später Ludwig Feuerbach. Den Höhepunkt politischer Artikulation bildete schließlich das 1848 von Karl Marx und Friedrich Engels verfasste *Manifest der kommunistischen Partei*.

Gattungen

Neben traditionellen literarischen Gattungen bevorzugten die „Jungdeutschen" und die Vormärzautoren journalistische Formen: satirische Feuilletons, Reiseberichte oder Kampflieder. Weitere Gattungen/Genres waren die Versepen, die Satire/die Parodie, politische Rede, der politisch-literarische Essay, die politische Lyrik (die Agitationslyrik Herweghs bspw.), Spottgedichte, Flugblätter, Sozialreportagen, Briefe etc. Mit Büchners *Dantons Tod* entstand das erste große Revolutionsdrama, mit seinem *Woyzeck* das erste sozialkritische Stück, das sich mit dem Elend der sog. „kleinen Leute" befasste.

Weitere berühmte Autoren und Autorinnen sind Georg Weerth (1822–1856), Georg Herwegh (1817–1875), Ferdinand Freiligrath (1810–1876), Bettina von Arnim (1785–1859) und Heinrich August Hoffmann von Fallersleben (1798–1874).

2 Das Verhältnis von Literatur und Wirklichkeit reflektieren

Realität und Fiktion

Ferdinand von Schirach: Jeder kann zum Mörder werden (2010)

[...] Ein Literaturkritiker sagte über eines meiner Bücher, es sei „fast annehmbar", aber doch nur „geborgtes Leben" und damit „das Gegenteil von Literatur". Das
5 ist ein interessanter Standpunkt. Eigentlich werden mir fast immer drei Fragen gestellt: Kann jeder zum Mörder werden? Gibt es den perfekten Mord? Und: Sind Ihre Geschichten denn wirklich wahr?
10 Ja, jeder kann zum Mörder werden, ja, es gibt den perfekten Mord und ja, die Geschichten sind ganz und gar wahr. Aber sie sind nicht wahr, weil sie der Realität entsprechen, sie sind wahr, weil sie Literatur
15 sind. Stellen Sie sich eine vier Meter lange Akte vor, tausende Seiten Polizeiberichte, Vernehmungsprotokolle, Gutachten, Tatortfotos. Stellen Sie sich siebzig Stunden Gerichtsverfahren vor. Und dann neh-
20 men Sie eine Kurzgeschichte. Was ist nun die Wahrheit? Was die Wirklichkeit? Eine kaum 15-seitige Geschichte oder eine vier Meter lange Akte?
Im Mittelalter soll es einen Kartographen
25 gegeben haben, der die beste Karte der Welt herstellen wollte. Er wählte den Maßstab 1:1. Das Projekt scheiterte natürlich: Wahrheit entsteht nicht durch vollständige Abbildung, sie entsteht durch Formalisie-
30 rung. Das ist in der Literatur so und das ist im Strafprozess so. Ein Richter kann nur die Beweise werten, die nicht im strengen Filter der Strafprozessordnung hängen blieben. Nur das, was dem Recht entspricht, wird gehört. Es ist also nicht die Wirklichkeit, 35 die in einem Strafprozess abgebildet wird, es ist nur eine strafprozessuale Wahrheit, also eine formalisierte Wirklichkeit. [...]
In der Literatur ist es ähnlich. Auch sie ist nur eine formalisierte Wahrheit. Der 40 Schriftsteller schreibt, was er schreibt. Er nimmt die Worte, die er für passend hält. Es ist seine Geschichte – oder anders gesagt: Das Gehirn des Schriftstellers ist ein Filter wie die Strafprozessordnung. Eine 45 Geschichte kann deshalb nie Abbildung der Wirklichkeit sein. Sie ist – analog zur strafprozessualen Wahrheit – literarische Wahrheit. [...]
Was machen wir nun mit einem solchen 50 Begriff der Wahrheit, mit dem Wissen, dass wir die Wirklichkeit nicht erkennen können. Aufgeben? Nein, wir können damit leben, dass wir nur Theorien über die Wahrheit bilden können. Wir können es 55 selbst im Strafprozess, wo diese Erkenntnis am klarsten und ihre Ergebnisse am fürchterlichsten sind. [...]
Es gibt eine Wahrheit, eine unbestreitbare, glückliche Wahrheit – die Schönheit. Auch 60 wenn wir alles verlieren, die Schönheit bleibt. Für sie lohnt es sich zu schreiben. [...] Die Schönheit rettet uns – in ihr ist alle Wahrheit.

→ S. 58 ff.
1 Fassen Sie zusammen, worin Schirach das Verhältnis von Wahrheit und Kunst sieht, insbesondere bei der literarischen Verarbeitung von Kriminalfällen, und erläutern Sie, wie Büchner den historischen Fall des Johann Christian Woyzeck verarbeitet.

→ S. 77
2 Auch Goethe greift in seinem Lebenswerk auf den bekannten Fauststoff zurück. Stellen Sie Überlegungen an, weshalb manche Ereignisse und Erzählgüter sich einer langanhaltenden Beliebtheit erfreuen und stets zu neuen Bearbeitungen in z. B. Literatur und Film einladen.

IV Exkurs

Fortsetzung folgt ...

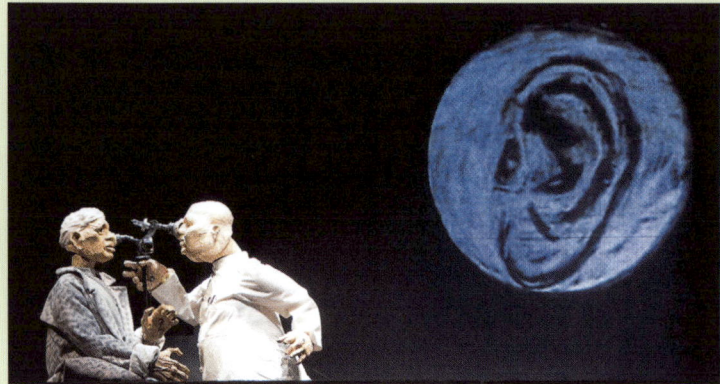

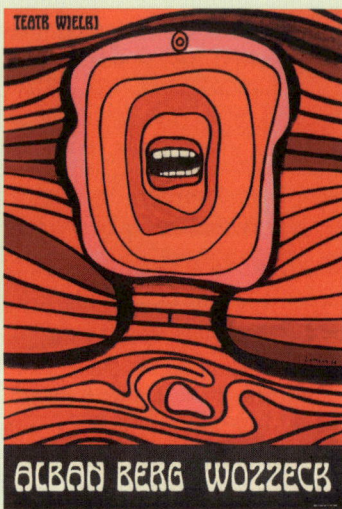

ALBAN BERG WOZZECK

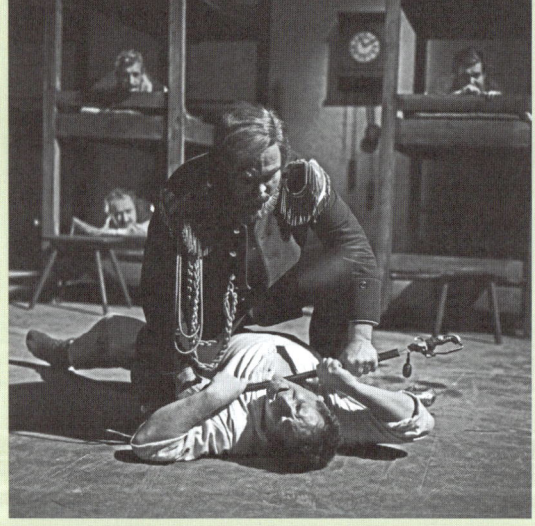

1 Recherchieren Sie, in welchen künstlerischen Ausdrucksformen das Drama seit seiner Entstehung rezipiert worden ist.

2 Welche Tendenzen werden in den unterschiedlichen Genres und Rezeptionsformen erkennbar? Wie wird mit dem Originaltext umgegangen? Welche Rezeptionsweise bevorzugen Sie?

1 Motivverwandte Texte vergleichen

Vernetzung

Johann Wolfgang Goethe: Faust. Der Tragödie erster Teil (1808)

Dr. Heinrich Faust ist Wissenschaftler. Er wird von tiefen Zweifeln am Sinn seiner Existenz geplagt, als ihm bewusst wird, dass er sich das gesamte Weltwissen nicht wird aneignen können. Aus diesem Grund sucht er abseits seiner wissenschaftlichen Studien nach weiteren Wegen, um seinen Wissensdrang zu stillen und zur höheren Erkenntnis zu gelangen. Schließlich lässt er sich auf ein Bündnis mit dem Teufel Mephisto ein, der Faust einen Verjüngungstrunk mit aphrodisierender Wirkung verabreicht, so dass dieser sich gleich in das junge Kleinbürgermädchen Margarete verliebt. Nachts verschaffen sich Faust und Mephisto Zugang zu ihrer Kammer und hinterlegen dort ein Schmuckkästchen als Geschenk. Kurz darauf betritt Margarete den Raum.

MARGARETE *mit einer Lampe.*
Es ist so schwül, so dumpfig hie
(sie macht das Fenster auf)
Und ist doch eben so warm nicht drauß.
755 Es wird mir so, ich weiß nicht wie –
Ich wollt', die Mutter käm' nach Haus.
Mir läuft ein Schauer übern ganzen Leib –
Bin doch ein töricht furchtsam Weib!
(Sie fängt an zu singen, indem sie sich auszieht.)

Es war ein König in Thule
760 Gar treu bis an das Grab,
Dem sterbend seine Buhle
Einen goldnen Becher gab.

Es ging ihm nichts darüber,
Er leert' ihn jeden Schmaus;
765 Die Augen gingen ihm über,
So oft er trank daraus.

Und als er kam zu sterben,
Zählt' er seine Städt' im Reich,
Gönnt alles seinem Erben,
770 Den Becher nicht zugleich.

Er saß beim Königsmahle,
Die Ritter um ihn her,
Auf hohem Vätersaale,
Dort auf dem Schloss am Meer.

775 Dort stand der alte Zecher,
Trank letzte Lebensglut
Und warf den heiligen Becher
Hinunter in die Flut.

Er sah ihn stürzen, trinken
2780 Und sinken tief ins Meer,
Die Augen täten ihm sinken,
Trank nie einen Tropfen mehr.

(Sie eröffnet den Schrein, ihre Kleider einzuräumen, und erblickt das Schmuckkästchen.)
Wie kommt das schöne Kästchen hier herein?
Ich schloss doch ganz gewiss den Schrein.
2785 Es ist doch wunderbar! Was mag wohl drinne sein?
Vielleicht bracht's jemand als ein Pfand,
Und meine Mutter lieh darauf.
Da hängt ein Schlüsselchen am Band
Ich denke wohl, ich mach' es auf!
2790 Was ist das? Gott im Himmel! Schau,
So was hab' ich mein' Tage nicht gesehn!
Ein Schmuck! Mit dem könnt' eine Edelfrau
Am höchsten Feiertage gehn.
Wie sollte mir die Kette stehn?
2795 Wem mag die Herrlichkeit gehören?
(Sie putzt sich damit auf und tritt vor den Spiegel.)
Wenn nur die Ohrring' meine wären!
Man sieht doch gleich ganz anders drein.
Was hilft euch Schönheit, junges Blut?
Das ist wohl alles schön und gut,
2800 Allein man lässt's auch alles sein;
Man lobt euch halb mit Erbarmen.
Nach Golde drängt,
Am Golde hängt
Doch alles. Ach wir Armen!

1 Untersuchen Sie die Parallelen und Divergenzen zwischen Büchners Marie und der Gretchen-Figur in *Faust I* von Johann Wolfgang Goethe.

Gerhart Hauptmann: Bahnwärter Thiel (1888)

Bahnwärter Thiel ist Witwer, da seine Frau Minna bei der Geburt des gemeinsamen Sohnes Tobias verstorben ist. Obwohl er nie aufhört, Minna zu lieben, und diese in seinem Bahnwärterhaus mit kultähnlichen Handlungsweisen verehrt, heiratet er die burschikose Lene in zweiter Ehe, weil er eine Mutter für seinen Sohn braucht. Lene wird von Thiel schwanger und bringt ein gesundes Kind auf die Welt. Dieses bevorzugt Lene gegenüber Tobias, der zunehmend von der Stiefmutter misshandelt wird. Schließlich wird Tobias von einem Zug überfahren, weil Lene nicht aufgepasst hat, als er an den Gleisen gespielt hat. Thiel gerät über den Verlust des Sohnes so in Wut, dass er Lene und sein zweites Kind umbringt.

Allsonntäglich saß der Bahnwärter Thiel in der Kirche zu Neu-Zittau, ausgenommen die Tage, an denen er Dienst hatte oder krank war und zu Bette lag. Im Verlaufe von zehn Jahren war er zwei Mal krank gewesen; das eine Mal infolge eines vom Tender[1] einer Maschine während des Vorbeifahrens herabgefallenen Stückes Kohle, welches ihn getrof-
5 fen und mit zerschmettertem Bein in den Bahngraben geschleudert hatte; das andere Mal einer Weinflasche wegen, die aus dem vorüber rasenden Schnellzuge mitten auf seine Brust geflogen war. Außer diesen beiden Unglücksfällen hatte nichts vermocht, ihn, sobald er frei war, von der Kirche fernzuhalten.

Die ersten fünf Jahre hatte er den Weg von Schön-Schornstein, einer Kolonie an der Spree,
10 herüber nach Neu-Zittau allein machen müssen. Eines schönen Tages war er dann in Begleitung eines schmächtigen und kränklich aussehenden Frauenzimmers erschienen, die, wie die Leute meinten, zu seiner herkulischen Gestalt wenig gepasst hatte.

Und wiederum eines schönen Sonntagnachmittags reichte er dieser selben Person am Altare der Kirche feierlich die Hand zum Bunde fürs Leben. Zwei Jahre nun saß das junge,
15 zarte Weib ihm zur Seite in der Kirchenbank; zwei Jahre blickte ihr hohlwangiges, feines Gesicht neben seinem vom Wetter gebräunten in das uralte Gesangbuch –; und plötzlich saß der Bahnwärter wieder allein wie zuvor.

An einem der vorangegangenen Wochentage hatte die Sterbeglocke geläutet; das war das Ganze. An dem Wärter hatte man, wie die Leute versicherten, kaum eine Veränderung
20 wahrgenommen. Die Knöpfe seiner sauberen Sonntagsuniform waren so blank geputzt als je zuvor, seine roten Haare so wohl geölt und militärisch gescheitelt wie immer, nur dass er den breiten, behaarten Nacken ein wenig gesenkt trug und noch eifriger der Predigt lauschte oder sang, als er es früher getan hatte. Es war die allgemeine Ansicht, dass ihm der Tod seiner Frau nicht sehr nahegegangen sei; und diese Ansicht erhielt eine
25 Bekräftigung, als sich Thiel nach Verlauf eines Jahres zum zweiten Male, und zwar mit einem dicken und starken Frauenzimmer, einer Kuhmagd aus Alte-Grund, verheiratete.

Auch der Pastor gestattete sich, als Thiel die Trauung anzumelden kam, einige Bedenken zu äußern: „Ihr wollt also schon wieder heiraten?"

„Mit der Toten kann ich nicht wirtschaften, Herr Prediger!"
30 „Nun ja wohl. Aber ich meine – Ihr eilt ein wenig."

„Der Junge geht mir drauf, Herr Prediger."

Thiels Frau war im Wochenbett gestorben, und der Junge, welchen sie zur Welt gebracht, lebte und hatte den Namen Tobias erhalten.

„Ach so, der Junge", sagte der Geistliche und machte eine Bewegung, die deutlich zeigte,
35 dass er sich des Kleinen erst jetzt erinnere. „Das ist etwas andres – wo habt Ihr ihn denn untergebracht, während Ihr im Dienst seid?"

Thiel erzählte nun, wie er Tobias einer alten Frau übergeben, die ihn einmal beinahe habe verbrennen lassen, während er ein anderes Mal von ihrem Schoß auf die Erde gekugelt

sei, ohne glücklicherweise mehr als eine große Beule davonzutragen. Das könne nicht so
40 weitergehen, meinte er, zudem da der Junge, schwächlich wie er sei, eine ganz besondre
Pflege benötige. Deswegen und ferner, weil er der Verstorbenen in die Hand gelobt, für
die Wohlfahrt des Jungen zu jeder Zeit ausgiebig Sorge zu tragen, habe er sich zu dem
Schritte entschlossen. –
Gegen das neue Paar, welches nun allsonntäglich zur Kirche kam, hatten die Leute
45 äußerlich durchaus nichts einzuwenden. Die frühere Kuhmagd schien für den Wärter
wie geschaffen. Sie war kaum einen halben Kopf kleiner als er und übertraf ihn an
Gliederfülle. Auch war ihr Gesicht ganz so grob geschnitten wie das seine, nur dass ihm
im Gegensatz zu dem des Wärters die Seele abging.
Wenn Thiel den Wunsch gehegt hatte, in seiner zweiten Frau eine unverwüstliche
50 Arbeiterin, eine musterhafte Wirtschafterin zu haben, so war dieser Wunsch in
überraschender Weise in Erfüllung gegangen. Drei Dinge jedoch hatte er, ohne es zu
wissen, mit seiner Frau in Kauf genommen: eine harte, herrschsüchtige Gemütsart,
Zanksucht und brutale Leidenschaftlichkeit. Nach Verlauf eines halben Jahres war es
ortsbekannt, wer in dem Häuschen des Wärters das Regiment führte. Man bedauerte den
55 Wärter.
Es sei ein Glück für „das Mensch", dass sie so ein gutes Schaf wie den Thiel zum Manne
bekommen habe, äußerten die aufgebrachten Ehemänner; es gäbe welche, bei denen sie
gräulich anlaufen würde. So ein „Tier" müsse doch kirre[2] zu machen sein, meinten sie,
und wenn es nicht anders ginge, denn mit Schlägen. Durchgewalkt müsse sie werden,
60 aber dann gleich so, dass es zöge.

---

1 Tender, der: Vorratsbehälter einer Dampflokomotive, in dem Kohlen und Wasser mitgeführt werden
2 kirre: gefügig, zahm, gehorsam

Naturalismus
01 S. 408 f.

2 Sowohl der Mord in *Woyzeck* als auch der in Hauptmanns novellistischer Studie aus dem
Naturalismus erscheinen als Endglieder einer Kausalkette. Vergleichen Sie die Ursachen
für die Ermordung Maries und Lenes.

3 „Man kommt nicht als Frau zur Welt, man wird es." (Simone de Beauvoir, 1908–1986)
Nehmen Sie unter Bezugnahme auf die behandelten Frauenfiguren sowie die heutige Rolle
der Frau Stellung zu der Aussage der französischen Schriftstellerin und Frauenrechtlerin.

SPRACHTIPP

Vergleichsaspekte benennen

Mit folgenden Formulierungen können Sie Gemeinsamkeiten herausstellen:
ähneln sich darin, dass …; haben gemeinsam, dass …; es besteht eine Parallele in folgender
Hinsicht …; die Similarität besteht darin, dass …

Unterschiede lassen sich wie folgt darstellen:
Beide Vergleichsaspekte divergieren darin, dass …; kontrastieren in folgender Hinsicht …;
unterscheiden sich in mehreren Punkten: …;

→ S. 62, 70 f.

4 **PLUS** Recherchieren Sie zum epischen Drama Bertolt Brechts, insbesondere zur Straßen-
szene als Modell für seine politischen Theaterstücke. Erläutern Sie, inwieweit sich Brecht
von Büchner hat inspirieren lassen. Greifen Sie hierbei vor allem auf Ihre Ideen zur Raum-
und Zeitgestaltung im Werk sowie auf Büchners Dramentheorie zurück.

2 Eine filmische Adaption untersuchen

„Klaustrophobie": Werner Herzogs *Woyzeck*

1 Beschreiben Sie das Bild aus Werner Herzogs Film *Woyzeck* (1979) und diskutieren Sie, inwieweit der Schauspieler Klaus Kinski (links im Bild) Ihrer Vorstellung der Woyzeck-Figur entspricht.

 **Filmanalyse**
D01 S.51ff.

2 Nennen Sie Kriterien, die für Sie eine gelungene Literaturverfilmung ausmachen. Erinnern Sie sich an Kinobesuche, bei denen Sie Verfilmungen Ihrer Lieblingsbücher gesehen haben (z.B. *Harry Potter* oder *Die Tribute von Panem*).

3 Spontanverortung auf einer Positionslinie: Haben Sie persönlich die Herzog-Verfilmung als gelungen empfunden? Begründen Sie Ihre Stellungnahme.

1	5	10

 4 Vergleichen Sie die filmische Adaption mit der literarischen Vorlage und benennen Sie mögliche Intentionen des Regisseurs. Beachten Sie hierbei auch die Regieanweisungen in der Textvorlage.

5 Fertigen Sie zum Intro ein Sequenzprotokoll nach folgendem Muster an. Wählen Sie anschließend eine Szene pro Handlungsstrang und analysieren Sie diese.

Einstellung/Zeit	Perspektive	Einstellungsgröße	Bewegung	Musik/Geräusche	Figuren	Sprache/Text	Inhalt
1							

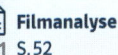 **Filmanalyse**
01 S. 52

6 Erläutern Sie Funktion und Wirkung, welche die einzelnen filmsprachlichen Mittel erzeugen, z. B. mit Blick auf thematische Schwerpunkte oder die Ausgestaltung der Charaktere.

→ S. 80, A 2

7 Vergegenwärtigen Sie sich noch einmal Ihre Kriterienliste. Legen Sie auf Grundlage Ihrer Analyse- und Interpretationsergebnisse dar, welche Funktion eine Literaturverfilmung hat, und nehmen Sie ggf. Anpassungen Ihrer Bewertungskategorien vor.

MK

8 **PLUS** Planen und drehen Sie in Gruppen ein eigenes Intro zu dem Drama (ca. 2–3 Minuten), in dem Sie in verdichteter Form die zentralen Figuren und Themen einführen. Vergleichen Sie Ihr filmisches Ergebnis nach der Analyse einzelner Sequenzen mit der Herzog-Verfilmung.

 Rezension
01 S. 40 f.

9 Verfassen Sie eine eigene Rezension zum Film. Greifen Sie dabei auf Ihre Spontanverortung sowie auf das Auswertungsgespräch von Aufgabe 4 zurück.

10 Recherchieren Sie die vollständige Rezension von Blumenberg und eine weitere Alternative, z. B. von Hellmuth Karasek im SPIEGEL vom 20.05.1979. Fassen Sie die Bewertungskriterien und die Hauptaussagen der Rezensenten zusammen und erörtern Sie, ob die Einschätzungen des Films Ihrer Meinung nach angemessen sind.

Hans C. Blumenberg: Leben im Eis (1979)

Von allen Herzog-Filmen ist *Woyzeck* der einfachste, der sprödeste, karg fast bis zur Selbstverleugnung: keine herrische Aneignung von Büchners Fragment, sondern ein Versuch, Demut zu üben. Herzogs *Woyzeck* folgt dem Büchners unendlich genau. Und ist doch mehr als die Abfilmung einer routinierten Stadttheater-Aufführung. Zu Beginn
5 schweift die Kamera langsam über ein niedliches Kleinstadtpanorama. Es herrscht Ruhe im Lande. Darauf folgt hart der Drill des Soldaten Woyzeck, die erbarmungswürdigen Verrenkungen einer hohläugigen Gliederpuppe in einer schäbigen KZ-Uniform. Der erste Satz des Dramas wirkt nach dieser kurzen Skizze einer mörderischen Spannung (das satte Idyll gegen das zappelnde Menschlein) umso höhnischer: „Langsam, Woyzeck, langsam",
10 befiehlt der joviale[1] Hauptmann, und von diesem Satz an scheint auch der Film in eine merkwürdige Lethargie zu verfallen. Keine der Szenen löst Herzog in mehr als zwei oder drei Einstellungen auf, die Darsteller agieren verhalten vor einer meist starren Kamera. [...] Bald stellt sich eine Art von Klaustrophobie ein: Bewegungen und Blicke scheinen verboten, die Erstarrung ist total. Selbst der Mord an Marie, draußen vor der Stadt, geschieht
15 in Zeitlupe. So wie ihn Klaus Kinski spielt, so gepeinigt und doch ohne jede wohlfeile Dämonie, gleicht er mehr einem Suizid, dem letzten Aufbegehren eines Menschen, der die Kälte um ihn herum nicht mehr aushält. [...] Immerhin wird die gespenstische Ruhe dieses Films, die stummfilmhafte Schlichtheit, mit der Woyzecks Tragödie passiert, dem zornigen Drama Georg Büchners gerechter als jeder expressive Mummenschanz[2].[...] Ein
20 „großer", wichtiger Film ist dieser *Woyzeck* keinesfalls, aber die Pfiffe und Buhrufe, die ihn bei seiner Premiere in Cannes empfingen, hat Werner Herzog nicht verdient. Im allgemeinen Höhenrausch des Hollywood-Kinos sollten wir für die unauffälligen Qualitäten „kleiner" Filme nicht gänzlich unempfindlich werden. *Woyzeck* ist ein Nebenwerk. Keine Pleite.

---

1 jovial: gönnerhaft, leutselig   2 Mummenschanz, der: Maskenfest, Spiel mit Verkleidungen

Vormärz (1815–1848)

Sturm auf die Konstablerwache in Frankfurt am Main am 3. April 1833

Deutung

Mit seinem *Woyzeck*-Konvolut konzipierte Büchner ein schonungsloses, drastisch realistisches soziales Drama aus der Sicht der Armen, Schwachen und Elenden. Als Anhänger sozialrevolutionärer Theorien knüpft er mit seinem Drama in der Literatur an seine politische Flugschrift *Der Hessische Landbote* an. Beide Schriften entfalten kontrastiv die unterschiedlichen Lebensverhältnisse von Arm und Reich, die Kritik an der Ungleichheit der feudalabsolutistischen Gesellschaft und der Ausbeutung der Sozialschwachen sowie einen Appell zum Handeln im Sinne einer Umwälzung der sozialpolitischen Verhältnisse. Damit ist das Drama mit den Mitteln der Kunst politisch nicht weniger brisant als sein Flugblatt.

Das Drama in seiner Epoche

Woyzeck ist ein Musterbeispiel für die politische Literatur des Vormärz. Sowohl Woyzeck als auch Marie sind in ihrem Handeln und Denken durch die gesellschaftlich-materiellen Verhältnisse determiniert. Sie handeln nicht, es wird über sie gehandelt. Neben seiner psychischen Disposition kann folglich seine soziale Unfreiheit, sein entwürdigtes Dasein als fremdbestimmte Kreatur als Auslöser für den brutalen Mord an Marie gedeutet werden. Für die Entwicklung des deutschen Dramas beutet die soziale Position des Protagonisten eine entscheidende Neuerung: Mit Woyzeck werden Vertreter des untersten sozialen Milieus tragikfähig – ein Typus, der etwa von Gerhart Hauptmann um die Jahrhundertwende verstärkt literarisch verarbeitet wird. Büchner selbst entwirft seine Figuren, ihre Nöte und ihr entwürdigendes Fremdbestimmtsein mit großem Feingefühl. Er knüpft damit an die vorklassische Zeit an, insbesondere den Sturm und Drang. In dezidierter Abgrenzung von den idealistischen Zielen der Vervollkommnung des Menschen durch die Kunst rückt Büchner in seiner Ästhetik das Hässliche, Geringe, Abgründige und Nicht-Gesellschaftsfähige in den Mittelpunkt künstlerischer Auseinandersetzung mit der Wirklichkeit. Anknüpfend an den Sturm und Drang (vgl. J. M. R. Lenz) weist *Woyzeck* – radikal sozialkritisch angelegt – zugleich auf den Naturalismus voraus.

Gattung

Einerseits erfüllt *Woyzeck* nicht alle Kriterien des „offenen Dramas": Der Ausgang des Geschehens ist z. B. nicht offen, auch die Szenenfolge läuft, trotz eines fehlenden offensichtlichen Zusammenhangs, doch folgerichtig auf den Höhepunkt zu: den Mord an Marie. So wirkt das Ganze in sich geschlossen. Am Ende hat Woyzeck alle seine menschlichen Bindungen verloren, auch das Kind wendet sich von ihm ab. Er ist an einem Endpunkt angekommen, eine Zukunftsperspektive gibt es nicht.

Andererseits sind die Szenen des Stückes schlaglichtartige Momentaufnahmen, die das Leben des Protagonisten beleuchten und seine spätere Tat motivieren. Sie stehen unverbunden nebeneinander und gehen nicht wie im klassischen Drama mit zwingender Stringenz auseinander hervor. Die lineare Folge im Ablauf des Dramas ergibt sich allein dadurch, dass das Geschehen als Ganzes einem zwangsläufigen Ende zuläuft.

Die parataktische szenische Reihung in Büchners Werk ist der formale Ausdruck des inhaltlichen Geschehens. Sie bildet die geschilderte Selbstentfremdung Woyzecks und die Unmöglichkeit, aus dem Käfig der sozialen Umstände auszubrechen, stimmig ab.

Ein Drama analysieren

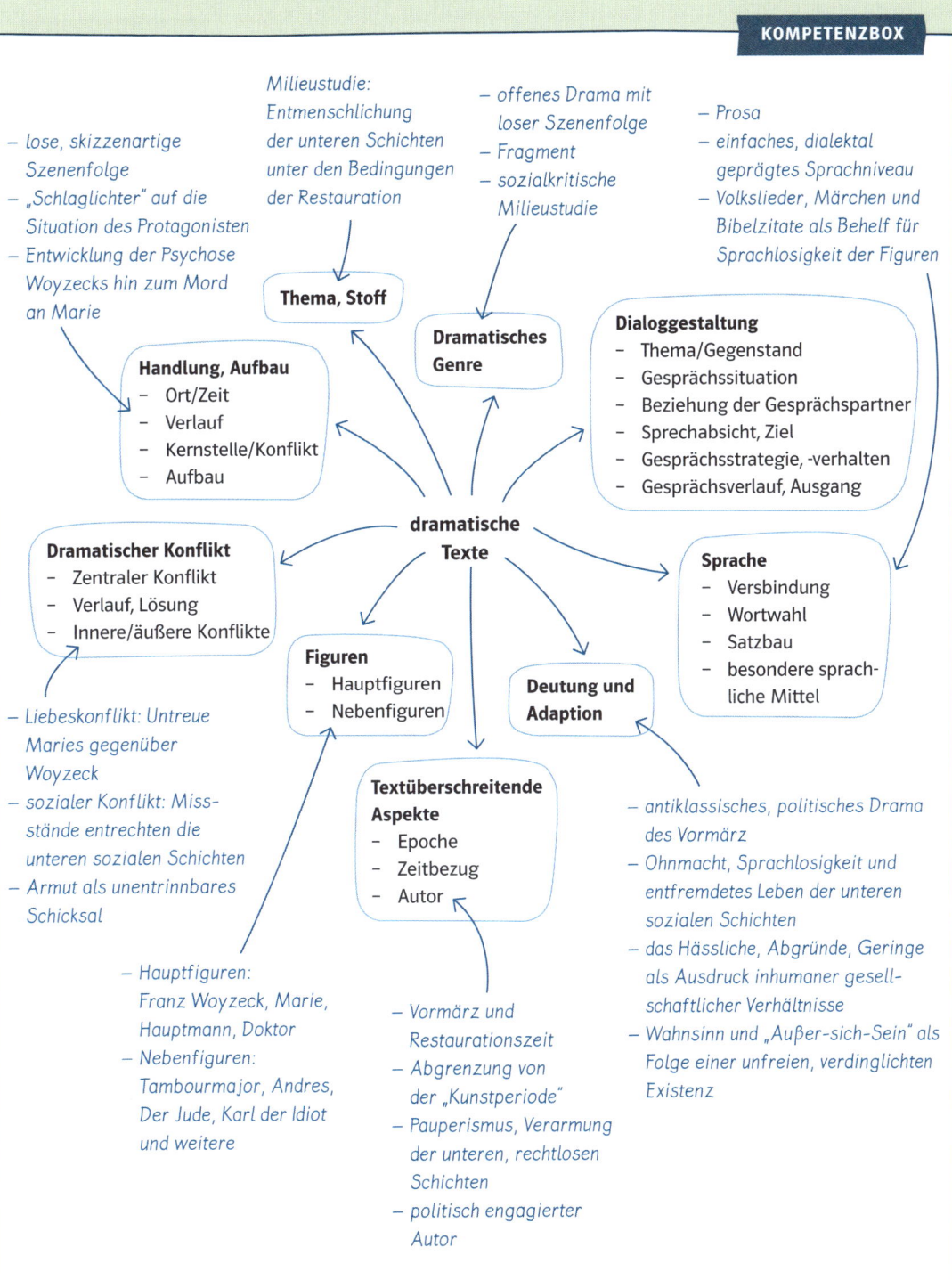

– lose, skizzenartige
Szenenfolge
– „Schlaglichter" auf die
Situation des Protagonisten
– Entwicklung der Psychose
Woyzecks hin zum Mord
an Marie

Milieustudie:
Entmenschlichung
der unteren Schichten
unter den Bedingungen
der Restauration

– offenes Drama mit
loser Szenenfolge
– Fragment
– sozialkritische
Milieustudie

– Prosa
– einfaches, dialektal
geprägtes Sprachniveau
– Volkslieder, Märchen und
Bibelzitate als Behelf für
Sprachlosigkeit der Figuren

Thema, Stoff

Dramatisches Genre

Dialoggestaltung
– Thema/Gegenstand
– Gesprächssituation
– Beziehung der Gesprächspartner
– Sprechabsicht, Ziel
– Gesprächsstrategie, -verhalten
– Gesprächsverlauf, Ausgang

Handlung, Aufbau
– Ort/Zeit
– Verlauf
– Kernstelle/Konflikt
– Aufbau

dramatische Texte

Dramatischer Konflikt
– Zentraler Konflikt
– Verlauf, Lösung
– Innere/äußere Konflikte

Sprache
– Versbindung
– Wortwahl
– Satzbau
– besondere sprachliche Mittel

Figuren
– Hauptfiguren
– Nebenfiguren

Deutung und Adaption

– Liebeskonflikt: Untreue
Maries gegenüber
Woyzeck
– sozialer Konflikt: Miss-
stände entrechten die
unteren sozialen Schichten
– Armut als unentrinnbares
Schicksal

Textüberschreitende Aspekte
– Epoche
– Zeitbezug
– Autor

– antiklassisches, politisches Drama
des Vormärz
– Ohnmacht, Sprachlosigkeit und
entfremdetes Leben der unteren
sozialen Schichten
– das Hässliche, Abgründe, Geringe
als Ausdruck inhumaner gesell-
schaftlicher Verhältnisse
– Wahnsinn und „Außer-sich-Sein" als
Folge einer unfreien, verdinglichten
Existenz

– Hauptfiguren:
Franz Woyzeck, Marie,
Hauptmann, Doktor
– Nebenfiguren:
Tambourmajor, Andres,
Der Jude, Karl der Idiot
und weitere

– Vormärz und
Restaurationszeit
– Abgrenzung von
der „Kunstperiode"
– Pauperismus, Verarmung
der unteren, rechtlosen
Schichten
– politisch engagierter
Autor

Interpretation eines Dramentextes

KOMPETENZBOX

Die Interpretation einer Dramenszene verfassen
Arbeitsschritte zum Verfassen eines Interpretationsaufsatzes

1. Aufgabenstellung erfassen – Erstes Textverständnis festhalten
– Aufgabe und Operatoren erfassen
– Titel, Autor(in), Thema, Textsorte einordnen
– Teilaspekte der Aufgabe und ihre Gewichtung bewusst machen
– erstes Textverständnis notieren

2. Text aspektorientiert untersuchen
– vorgegebene Untersuchungsaspekte der Aufgabe beachten
– textüberschreitende Aspekte einbeziehen
– Text aspektorientiert untersuchen: Dialoggestaltung analysieren und beschreiben

3. Untersuchungsergebnisse ordnen und bewerten
– Deutungshypothese formulieren
– Beispiele/Belege aus dem Drama zuordnen
– Fazit aus Untersuchungsergebnissen ziehen
– Deutungshypothese überprüfen und ggf. neu formulieren

4. Schreibplan erstellen
– Reihenfolge der Darbietung der Untersuchungsergebnisse festlegen:
  • Einleitung: interessanten Einstieg finden; Textsorte, Autor(in), Titel, Thema benennen
  • Hauptteil: kurze Inhaltsangabe, Einordnung des Auszugs in Gesamtzusammenhang; Anordnung der Ergebnisse nach dem Textverlauf oder nach Untersuchungsaspekten
  • Schluss: Zusammenfassung/Fazit mit Bezug zur Deutungshypothese; ggf.: Zitat, persönliche Wertung, Vergleich

5. Klausur schreiben
– Ergebnisse nachvollziehbar darstellen
– sachlich und präzise formulieren
– Fachbegriffe verwenden
– passende Zitate einbauen und korrekt nachweisen

6. Klausur überarbeiten
– in drei gesonderten Durchgängen prüfen:
  • sachliche Richtigkeit
  • Aufbau und Kohärenz (roter Faden)
  • sprachliche Richtigkeit

→ Szene 11,
S. 21 f.

MUSTERKLAUSUR **Aufgabenstellung**

a) Fassen Sie die Szene 11 *Wirtshaus* aus Georg Büchners Drama *Woyzeck* zusammen und ordnen Sie diese in den Handlungszusammenhang des Werkes ein.

b) Analysieren und interpretieren Sie die Szene.

c) Woyzeck – was geht mich diese literarische Figur an? Verfassen Sie ein Plädoyer für oder gegen die Behandlung des 1836/37 entstandenen Dramas im heutigen Literaturunterricht der Oberstufe.

1. Aufgabenstellung erfassen – Erstes Textverständnis festhalten

1.1 Lesen Sie die dreiteilige Aufgabenstellung genau durch. Achten Sie vor allem auf die Operatoren und machen Sie sich klar, wie Sie bei der Lösung vorgehen sollen.

1.2 Verschaffen Sie sich mithilfe des „überfliegenden Lesens" einen groben Überblick über den Inhalt der Szene, Details können noch unbeachtet bleiben.

1.3 Formulieren Sie anschließend eine erste Verstehenshypothese oder Frage an den Text.

2. Text aspektorientiert untersuchen

2.1 Lesen Sie den Text mehrfach und gründlich. Markieren Sie Schlüsselwörter und machen Sie sich Notizen, um wichtige Details zu erfassen.

2.2 Notieren Sie die Informationen, die zu einem vollständigen Basissatz gehören (Textgattung, Titel, Autor, Erscheinungsjahr, Thema/Aussagekern des gesamten Werkes).

2.3 Halten Sie für die Inhaltsangabe stichpunktartig die zentralen Handlungsschritte fest. Notieren Sie außerdem wichtige Handlungselemente, die der Szene vorausgehen und nachfolgen. Trennen Sie Ihre Inhaltsangabe klar von der Vorgeschichte und den nachfolgenden Ereignissen.

2.4 Notieren Sie Stichpunkte zu folgenden Aspekten (die Regieanweisungen/der Nebentext sind stets in die Interpretation einzubeziehen!). Sammeln Sie die Textstellen, die Sie in Ihrem Aufsatz zitieren möchten (Zeilenangaben).
   – Einteilung der Szene in Sinnabschnitte, Stadien der Konfliktentwicklung
   – innere/äußere und offene/verdeckte Handlung
   – Verwendung und Funktion von (Leit-)Motiven
   – Figuren und Figurenkonstellation: zum Ausdruck kommende Gefühle, Verhaltensweisen, Charaktereigenschaften etc.; Handlungsmotive und -ziele; Beziehung der Figuren zueinander
   – Zeit- und Raumgestaltung
   – sprachlich-stilistische Gestaltung: Stilmittel, Syntax, Lexik, Sprachstile

2.5 Halten Sie abschließend stichpunktartig die wesentlichen Untersuchungsergebnisse für Ihr Resümee fest, benennen Sie ebenso die Funktion der Szene innerhalb des Gesamtwerkes mit Blick auf den Fortgang der Handlung (z. B. nach Gustav Freytag).

3. Untersuchungsergebnisse ordnen und bewerten

3.1 Formulieren Sie nun Ihre Interpretationshypothese, in der Sie das Thema der Szene (nicht des Gesamtwerkes!) präzise zum Ausdruck bringen.

3.2 Sammeln Sie Argumente für und gegen Ihre These. Denken Sie insbesondere darüber nach, ob und inwiefern Büchners *Woyzeck* noch heute Aktualität beweist; finden Sie hierfür möglichst konkrete Beispiele aus Ihrer Lebenswelt.

4. Schreibplan erstellen

4.1 Entwerfen Sie Ihren Schreibplan, an dem Sie sich während des Schreibens orientieren können. Die stimmige und schlüssige Gedankenabfolge, die Verknüpfungen Ihrer Aussagen, die Überleitungen sowie das aus dem Vorangegangenen entwickelte Fazit sind bei der Bewertung von entscheidender Bedeutung.

> *Einleitung (Basissatz):* …
> *Hauptteil:*
> 1. *Teilaufgabe: Zusammenfassung und Einordnung der Szene*
>
>   …
>
> 2. *Teilaufgabe: Analyse und Interpretation der Szene*
>   a) *Untersuchungsaspekt:* …
>   → … (Z. …)
>   → … (Z. …)
>
>   …
>
>   b) *Untersuchungsaspekt:* …
>
>   …
>
> *Resümee und Funktion:* …
> 3. *Teilaufgabe: Stellungnahme*
>   a) *Formulierung und Begründung des eigenen Standpunkts:* …
>   b) *Entfaltung mehrerer Argumente samt Erläuterungen/Beispielen/Belegen*
>   → …
>   → …
>   c) *Fazit: Bekräftigung der eigenen Meinung auf Basis der Argumentation:* …

5. Klausur schreiben

 **Richtig**
D01 **zitieren**
S.78

5.1 Schreiben Sie auf der Basis Ihrer Vorarbeiten die Klausur. Bemühen Sie sich um gedankliche Genauigkeit und Schlüssigkeit sowie um eine sprachlich angemessene Art der Darstellung. Beachten Sie außerdem die Zitierregeln.

6. Klausur überarbeiten

→ S.91

6.1 Prüfen und überarbeiten Sie Ihren Aufsatz.

6.2 Achten Sie besonders auf Ihre persönlichen Fehlerschwerpunkte.

MUSTERKLAUSUR   **Beispiellösung**

Das soziale Drama „Woyzeck" von Georg Büchner aus dem Jahr 1837 thematisiert die Determiniertheit des einfachen Milieus in einem starr hierarchischen Gesellschaftssystem.
In Szene 9 des Fragment gebliebenen Dramas begegnet der einfache Stadtsoldat Woyzeck auf der Straße dem Hauptmann und dem Doktor. Der Hauptmann deutet an, dass Marie, Woyecks Geliebte, eine Affäre mit einem Tambourmajor habe. Woyzeck, der nur Marie und „sonst nichts auf der Welt" (Z. 45 f.) hat, wird „kreideweiß" (Z. 44).
In Szene 11 vergnügen sich Handwerksburschen in einem Wirtshaus, sie trinken und singen ausgelassen. Draußen auf der Straße tanzen Soldaten mit jungen Frauen, unter ihnen auch Marie und der Tambourmajor. Woyzeck sieht das Paar und ist fassungslos. Ein Handwerksbursche setzt schließlich zu einer nihilistischen Predigt über den Sinn der menschlichen Existenz an.
Im Anschluss an diese Szene beginnt Woyzeck, Stimmen zu hören, die ihm auftragen, Marie zu töten. Nachdem er im Zweikampf dem Tabourmajor unterlegen ist, kauft er sich ein Messer und beabsichtigt, den Mord durchzuführen.
Szene 11 lässt sich in drei Teile untergliedern: Am Beginn stehen das Geschwätz und eine Liedeinlage der angeheiterten Handwerksburschen (Z. 1–16). Es folgt ein Monolog des entsetzten Woyzeck (Z. 20–36), der gerade seine Geliebte Marie mit dem Tambourmajor hat auf der Straße vorbeitanzen sehen. Den Abschluss der Szene bildet schließlich die nihilistisch-blasphemische „Predigt" des Handwerksburschen (Z. 27–37. Im ersten Sinnabschnitt lassen sich die vermutlich stark angetrunkenen Handwerksburschen als animalisch-triebhaft, einfältig, primitiv, sittenlos und aggressiv charakterisieren, wie folgende Textstelle verdeutlicht: „Ich will ein Loch in die Natur machen [...], ich will ihm alle Flöh am Leib totschlagen" (Z. 6 f.). Die ärmlichen Handwerksburschen wie auch der Tambourmajor unterscheiden sich von Woyzeck dadurch, dass sie – gleichsam Habenichtse ohne ein eigenes „Hemdlein" (Z. 3) – ihr materielles Elend im Alkohol ertränken können: „Meine Seele stinkt nach Brandewein" (Z. 4). Signifikant – auch mit Blick auf das Verständnis der später folgenden „Predigt" – ist darüber hinaus, dass die Dreifaltigkeit durch die dreimalige Erwähnung des günstigen „Brandeweins[s]" (Z. 4, 8) bzw. der „Bouteille" (Z. 11) parodiert wird. Der Alkohol erscheint dadurch als Substitut für die Religion. Der Verlust sinngebender Instanzen wird von der Hoffnungs- und Perspektivlosigkeit der Armen und dem Empfinden der Nichtigkeit der Existenz begleitet. So findet auch der wie ein Hilferuf anmutende Wunsch „Vergissmeinnich!" (Z. 11) keinen Adressaten mehr. Diese Themen sind es, die aus dem Anti-Märchen der Großmutter aufgegriffen und weitergeführt werden.

Einleitungssatz: Autor, Titel, Erscheinungsjahr, erste allgemeine Deutungsthese zum Drama

Einordnung der Szene in den Handlungszusammenhang (Teilaufgabe a)

Konkrete Bezüge auf den Text

Beginn von Analyse und Interpretation der Szene (Teilaufgabe b): Aufbau und Struktur der Szene

Zitate belegen die eigenen Thesen

Analyse und Interpretation: Deutung der Szene

Analyse und Interpretation: Ausdifferenzierung der Argumentation

Zudem lassen sich die Kontrastierung von Arm und Reich, synekdochisch durch „Hemdlein" (Z. 3) und „Geld" (Z. 9) impliziert, sowie die Vergänglichkeit von Reichtum (im Stile der barocken Melancholie) als inhaltlich bestimmend für den Textteil kennzeichnen: „Selbst das Geld geht in Verwesung über" (Z. 9 f.). Nach dem Schnapslied folgt ein chorisch gesungenes Lied, „Ein Jäger aus der Pfalz" (Z. 12–16), das unter den Handwerksburschen Gemeinschaft stiftet. Dabei ist eine Vielfalt der Töne feststellbar: das Lallen des Handwerksburschen, der Chor derjenigen, welche die lustige Jägerei besingen, die (auf)gespielte Tanzmusik, in das sich das „Immer zu" (Z. 19) Maries rhythmisch einlagert, das dann wiederum von Woyzeck, der aus dieser Gemeinschaft der Berauschten als Einsamer herausfällt, aufgenommen und weiter ausgesponnen wird. Der letzte Vers des Jagdliedes lässt sich – in der genauen Umkehrung – auf die Szene direkt beziehen: Die Jagd nach dem Glück im rauschhaften Tanz ist momentane Freude für Marie und bedeutet gleichzeitig für den Gejagten Woyzeck unendliches Leid. Der Tanz, ein Leitmotiv im Werk, ist ohne Zweifel erotisch-sexuell konnotiert, denn es ist ein anrüchiger Paartanz, der Woyzecks Eifersucht und damit verbunden eine bodenlose Existenzangst in ihm schürt, weil er außer Marie „sonst nichts auf der Welt" hat. In seinem verzweifelten Selbstgespräch stellt Woyzeck die Existenz Gottes infrage, da ihn an eine Orgie gemahnende Szenerie doch die Bestrafung des Jüngsten Gerichts herausfordere: „Warum bläst Gott nicht die Sonn aus?" (Z. 22). Er spielt bei seiner Klage über die „Unzucht" (Z. 22) auf Sodom und Gomorrha an. Tatsächlich erscheint der Protagonist in dieser Szene überaus aufgebracht, verzweifelt, enttäuscht und fassungslos, denn er begreift den Verlust Maries: „Der Kerl [...] hat sie wie ich zu Anfang!" (Z. 25 f.). Woyzeck empfindet schließlich nur noch Abscheu und wirkt ohnmächtig. So kann der Gedanke an die Tötung Maries zunehmend von ihm Besitz ergreifen. Sprachlich-stilistische Mittel akzentuieren die innere Verfassung Woyzecks, z. B. suggeriert die Wiederholung: „Immer zu! – immer zu!" (Z. 20) und das Anakoluth: „Wie er an ihr herumtappt, an ihrem Leib" (Z. 25) seine Aufregung; die dialektale Färbung seines Sprechtextes sowie derb-ordinäre Ausdrucksformen: „übernanderwälzt, Mann und Weib, Mensch und Tier" (Z. 22 f.) kennzeichnen das einfache Milieu, dem die auftretenden Figuren angehörig sind.
Die „Predigt", der letzte Sinnabschnitt der Szene, stellt einen in sich selbstständigen Teil dar und ist das blasphemisch-nihilistische Geschwätz eines Betrunkenen. Die kapitalistische Reduktion des Menschen auf ein bloßes Mittel der Gewinnmaximierung wird kritisiert, der Jude als Verkörperung des Wucher- und Bankkapitals beschimpft. So erscheint der Umgang der Menschen untereinander als roh und gewalttätig. Das teleologische Prinzip des Idealismus wird blasphemisch ad absurdum geführt, denn es gebe kein dem Menschen von Gott vorgegebenes Ziel, auf das er sich hin zu entwickeln habe. Dieser Gedanke wird als Ideologie entlarvt, die Frage: „Warum ist der Mensch?" (Z. 29 f.) wird illusionslos auf reine Zweckrelationen zurückgeführt. Die Existenz von Mensch und Welt ließe sich nicht mit einem transzendenten Sinn begründen, denn „alles Irdische ist eitel, selbst das Geld geht in Verwesung über" (Z. 35 f.)

Analyse der Sprache

Analyse und Interpretation: Deutung kontrastiv angelegter Passagen

szenenübergreifender Bezug auf die Komposition des Dramas

Die Aneinanderreihung von Fragen zur Sinnhaftigkeit einzelner beruflicher Existenzen verstärkt dies (vgl. Z. 30–34). Der Mensch sei da, damit andere Menschen von ihm leben können, was keinem funktionierenden, solidarischen Gemeinwesen entspricht, sondern einer Organisation der Ausbeutung. An dieser Stelle wird die materialistisch-realistische Weltsicht Büchners spürbar.

Zusammenfassend lässt sich festhalten, dass die Szene die Leser / Zuschauer allenfalls Mitleid für die Kreatürlichkeit und Hinfälligkeit des Menschen empfinden lässt. Sie hat Zeigecharakter, konkrete Lösungen, wie das Leid beseitigt werden könnte, werden nicht geboten. Die Leser / Zuschauer werden hierdurch zum selbstständigen Nachdenken angeregt, was Büchners poetologischem Konzept entspricht.

Zusammenfassung, Bündelung der Ergebnisse

Szene 11 spiegelt zentrale Themen des Dramas wider: das fremdbestimmte, von materieller Not und hoffnungsloser Perspektivlosigkeit bestimmte Leben der unteren sozialen Schichten, die seelischen Abgründe einer geschundenen Kreatur und die Auswüchse einer ungerechten Feudalgesellschaft. Als soziales, gesellschaftskritisches Drama, das 1813 veröffentlicht wurde, ist „Woyzeck" […]

Plädoyer, eigene Meinung (Teilaufgabe c)

Analyse und Erörterung eines pragmatischen Textes

Die Analyse und Erörterung einer Rezension verfassen

Arbeitsschritte zum Verfassen einer Erörterung

1. Aufgabenstellung erfassen – Erstes Textverständnis festhalten
- Aufgabe und Operatoren erfassen
- Textsorte, Autor(in), Titel und Quelle des Textes erfassen und einordnen
- Thema und Inhalt des Textes erfassen
- erstes Textverständnis notieren

2. Text aspektorientiert untersuchen
- Text unter den vorgegebenen bzw. ausgewählten Aspekten analysieren
- Zielgruppe und Aussageabsicht ermitteln
- Ergebnisse der Analyse stichpunktartig schriftlich festhalten

3. Untersuchungsergebnisse ordnen und bewerten
- Position des Autors/der Autorin formulieren
- Argumentation des Textes kritisch prüfen
- eigene Position formulieren und vom Text abgrenzen

4. Schreibplan erstellen

Einleitung:
- Textsorte, Autor(in), Titel, Thema, Quelle und Position
  des Verfassers/der Verfasserin benennen

Hauptteil:
- Aufbau und Argumentationsstruktur des Textes sowie
  weitere Analyseergebnisse darlegen
- Wirkung und Überzeugungskraft des Textes differenziert beurteilen

Schluss:
- Ergebnisse der Analyse zusammenfassen
- ggf.: Zitat, persönliche Wertung, Vergleich

5. Klausur schreiben
- Thesen und Argumente des Autors/der Autorin präzise wiedergeben
- eigene Urteile überzeugend begründen
- passende und korrekt zitierte Textbelege einfügen

6. Klausur überarbeiten
- in drei gesonderten Durchgängen prüfen:
  - sachliche Richtigkeit
  - Aufbau und Kohärenz (roter Faden)
  - sprachliche Richtigkeit

MUSTERKLAUSUR **Aufgabenstellung**

a) Fassen Sie den Zeitungsbericht von 2019 zusammen.

b) Analysieren Sie die Rezension, indem Sie darlegen, wie sie aufgebaut ist, welche positiven und negativen Kritikpunkte der Autor Sebastian Thiele anführt und wie er seine Wertungen jeweils begründet. Beachten Sie auch die sprachlich-stilistische Gestaltung des Textes.

c) Thiele bezeichnet die Aufführung als „eigenwillige Lesart". Erörtern Sie seine Kritik und nehmen Sie grundsätzlich Stellung zu der Frage, ob eine Orientierung an der Werktreue oder dem Regietheater im Umgang mit älteren Texten geeigneter erscheint. Beziehen Sie eigene Erfahrungen mit Theateraufführungen oder Literaturverfilmungen ein.

Sebastian Thiele: Packender Horrortrip im Schauspielhaus

(Sächsische Zeitung, Feuilleton, 2019)

Am Staatsschauspiel Dresden ist Büchners „Woyzeck" eine geschundene Puppe. Jan-Christoph Gockel verortet sie in einem apokalyptischen Afrika.

Auf einer Krankenliege rollt er herein. Grau, vernarbt und mit aufgerissenen Augen: das leblose Objekt – Woyzeck, die Puppe. Vier Schauspieler in giftig-grünen Overalls eilen herbei und hauchen der Ganzkörperfigur Leben ein. Sie schlüpfen in Woyzecks Hände, führen den Kopf und stellen ihn auf wacklige Beine. Eine Stirnlampe kriegt er verpasst, denn hier wird heute Abend eine ganz eigenwillige Lesart ausgeleuchtet. [...] Am Staatsschauspiel Dresden verortet Regisseur Jan-Christoph Gockel seinen Woyzeck in Afrika, um sich mit Kolonialismus und Rassismus auseinanderzusetzen. [...] Am Sonnabend war im Dresdner Schauspielhaus Premiere dieses spannenden Experimentes.

Klug, Woyzeck als Puppe zu zeigen. Der Puppenbauer und -spieler Michael Pietsch hat dafür auch das richtige Händchen. Sieht man doch eine Figur, die weder schwarz noch weiß ist. Deformiert, fremdgesteuert und willenlos wandelt Woyzeck durch die Zeiten und Zuschreibungen. [...] Doch Woyzeck ist an diesem Abend weniger eine konkrete Figur. Vielmehr verkörpert die Puppe alle Opfer des Kolonialismus. Ihm wird der Schädel vermessen und daraus pseudowissenschaftlich seine Wildheit abgelesen. Wenn Woyzeck spricht, leiht ihm der Dresdner Künstler Ezé Wendtoin, der aus Burkina Faso stammt, seine Stimme.

Unheimlich und fordernd

„Woyzeck lebt, wo der Hund begraben liegt", deutete einst Heiner Müller. Auf der genialen Wunder-Bühne von Julia Kurzweg haust die Familie in einer Erdhöhle, die unter der Last eines riesigen, symbolischen Gullydeckels erdrückt wird. Dieses Konstrukt ist drehbar und mittels zirkuszeltartigen Vorhangs wechseln Szenen wie Orte rasant. Live-Schlagzeug, schräge Synthie-Töne und dröhnende Klangteppiche von Anton Bergmann kommentieren zart bis urgewaltig die Handlungsstationen. Vergeblich sucht das Publikum nach Halt und Hoffnung auf diesem Horrortrip. Psychotische Lichtstimmungen von Andreas Barkleit erinnern an David-Lynch-Settings. Stets regiert Überhöhung und Verfremdung. Unheimlich, wenn beispielsweise der Spieler Ezé Wendtoins seiner Sinne beraubt wird: In einem Video verkleistert man sein Gesicht mit weißem Brei, verklebt Augen, Ohren und Mund. Und wieder Vorhang auf und Kleiderspende für Afrika. Ein Textilregen ergießt sich, wahllos zerrt das Ensemble sich alles über.

55 Auch sonst sind alle schrill kostümiert. Allen voran der Tambourmajor, der auf dem Kopf eine Rüssel-Trophäe sinnbildlich für seine Männlichkeit trägt. Dann fliegt ein Care-Paket mit Mini-Fallschirm herab. „Freu dich, Woyzeck, über
60 Buntstifte, die deinem Elend Farbe verleihen, freu dich über Kondome!" Viele im Saal lachen. Aber sie merken nicht, dass sie gerade dem Alltagsrassismus unterliegen. Schlau eingefädelt. Spätestens, wenn Woyzeck vom Tambourma-
65 jor vergewaltigt, wenn sein Puppenkörper dabei schrecklich verrenkt wird, lacht keiner mehr. Mit aller Härte spielt Jannik Hinsch diesen rohen Gewaltmenschen.

Eine Achterbahn der Wahrnehmung
70 Kalt und perfide tritt hingegen Torsten Ranft als Arzt in diesem Panoptikum auf. Er verkörpert den pseudomoralischen Intellektuellen, der Woyzeck wie ein Vieh behandelt. Herrlich selbstmitleidig und jämmerlich spielt Lukas Rüppel
75 die gängelnde Figur des Hauptmanns. Wohin soll nur dieser leidende Woyzeck? Selbst Marie, für die er alles tut, verstößt ihn. Durch das ehelose

Kind gilt sie als Hure und nimmt diese Rolle auch an. Luise Aschenbrenner zeigt eine sehr energisch-verzweifelte Marie. Krampfhaft sucht sie 80 nach Siegertypen. Doch in dieser Hölle in Afrika gewinnt keiner.
Am Ende triumphiert eine düstere Todesprozession: Jeder Darsteller trägt zu sakraler Musik ein zusammengezimmertes Puppengestell, das ihm 85 selbst ähnelt. Wie ein finsteres Seelenabbild. Als dann der rote Vorhang auf den Bühnenboden rauscht und Marie mit ihm in einem Loch verschwindet, hat das Publikum eine Achterbahn der Wahrnehmung hinter sich. 90
So eigen die Lesart dieses Afrika-„Woyzecks" auch sein mag, die Konsequenz und Bildgewalt ist atemberaubend. Ja, es geht laut, plakativ und auch an der Grenze des Geschmacks zur Sache. Doch die bitterbösen Szenen erheben 95 eine berechtige Anklage an die Kolonialmächte. Zusammengeflickt liegt Woyzeck wieder auf dem Krankengestell. Seine Tragödie findet in keiner Welt ein Ende. Begeistert feiert Dresden diesen radikalen und grandiosen Abend. 100

1. Aufgabenstellung erfassen – Erstes Textverständnis festhalten

1.1 Lesen Sie die Aufgabenstellung genau durch. Achten Sie vor allem auf die Operatoren und machen Sie sich klar, wie Sie bei der Lösung vorgehen sollen.

1.2 Verschaffen Sie sich zügig einen groben Überblick über den Textinhalt, Details können noch unbeachtet bleiben (überfliegendes Lesen).

1.3 Formulieren Sie anschließend eine erste Verstehenshypothese oder Frage zum Text.

2. Text aspektorientiert untersuchen

2.1 Sichern Sie den Inhalt des Textes.
- Lesen Sie den Text mehrfach und gründlich.
- Markieren Sie in unterschiedlichen Farben die Passagen, in denen die Aufführung beschrieben wird, und die Passagen, in denen positive oder negative Wertungen vorgenommen werden.
- Halten Sie mit Zeichen oder Abkürzungen (z. B. Zustimmung = (!), Irritierendes = (?), Widerspruch = (X) o. Ä.) wesentliche Punkte Ihrer Auseinandersetzung mit dem Text fest.

2.2 Analysieren Sie die Argumentationsstruktur des Textes:
- Untersuchen Sie die in der Aufgabenstellung genannten Aspekte und halten Sie Ihre Ergebnisse stichpunktartig fest.
- Notieren Sie neben Ihren Ergebnissen die Textstellen, die Sie in Ihrem Aufsatz zitieren möchten (Zeilenangaben).
- Skizzieren Sie stichpunktartig den Aufbau der Rezension.
- Fassen Sie die Position des Autors kurz zusammen. Achten Sie sowohl auf positive als auch auf negative Wertungen.
- Berücksichtigen Sie auch die sprachlich-stilistische Gestaltung des Textes.
- Halten Sie stichpunktartig die wichtigsten Untersuchungsergebnisse für Ihr Resümee fest, z. B. die abschließende Beurteilung des Rezensenten.

3. Untersuchungsergebnisse ordnen und bewerten

3.1 Überprüfen Sie, ob Sie den einzelnen Kritikpunkten zustimmen oder diese ablehnen. Sammeln Sie möglichst konkrete Argumente für Ihre Sichtweise. Beziehen Sie sich dabei konkret auf einzelne Passagen der Rezension.

3.2 Formulieren Sie Ihre Position zur freien Transformation von Dramen auf der Bühne (wie in Dresden) und sammeln Sie Argumente für und gegen eine solche Umsetzung.

4. Schreibplan erstellen

→ S. 86

4.1 Entwerfen Sie Ihren Schreibplan, an dem Sie sich während des Schreibens orientieren können.

5. Klausur schreiben

5.1 Schreiben Sie auf der Basis Ihrer Vorarbeiten die Klausur.

6. Klausur überarbeiten

6.1 Überarbeiten Sie Ihre Klausur. Sie können sich an der Checkliste orientieren.

✓ **Checkliste**
- ☐ Ist die Struktur des Textes erkennbar, unterstützen Absätze die Darstellungsabsicht?
- ☐ Wird konsequent zwischen Beschreibung, Deutung und Wertung unterschieden?
- ☐ Verfügt der Text über einen stringenten, kohärenten, logischen Gedankengang?
- ☐ Wird auf Wiederholungen, umständliche Formulierungen, Füllwörter etc. verzichtet?
- ☐ Wird eine sach- und fachgerechte, adressatenspezifische Sprache verwendet?
- ☐ Ist bei der Redewiedergabe an den Konjunktiv gedacht worden?
- ☐ Sind Syntax und Grammatik variabel, komplex und korrekt, dabei stets verständlich, klar und präzise?
- ☐ Ist die Wahl der Tempora (Präsens/Perfekt) grammatikalisch korrekt?
- ☐ Werden die Aussagen funktional belegt, Zitation und Textverweise korrekt und sachangemessen durchgeführt?

MUSTERKLAUSUR **Beispiellösung**

Sebastian Thiele rezensiert in seinem Artikel „Packender Horrortrip im Schauspielhaus", der 2019 im Feuilleton der „Sächsischen Zeitung" erschienen ist, die Inszenierung von Büchners Drama „Woyzeck" am Schauspielhaus Dresden unter Regie von Jan-Christoph Gockel.

Thiele beschreibt zunächst den ersten Auftritt, der von drei Schauspielern in giftgrünen Kostümen bestimmt werde, die eine graue Puppe, welche Woyzeck darstelle, mit sich führen würden. Durch ein Puppenspiel ließen sie den Protagonisten des Dramas lebendig werden. Der Rezensent führt weiterhin aus, dass der Regisseur das Stück in Afrika angesiedelt habe, um die Kolonialisierung und die Rassismusproblematik kritisch zu behandeln. Die Bühne sei so gestaltet, dass das Heim der Familie eine Höhle unter einem Gullydeckel ist; eingespielte Videosequenzen würden das Bühnenbild erweitern. Untermalt werde das Bühnengeschehen durch verstörende Klänge und Lichteinsätze, die Verfremdung sei ein zentrales Mittel dieser Inszenierung, was sich bspw. auch in der bizarren Kostümierung und in der durch die exzessive Verwendung von Requisiten irritierenden Bilderflut widerspiegele. Die Ausbeutung sowie Ausweg- und Perspektivlosigkeit der einfachen Leute würden auch durch die Schauspieler hervorragend vermittelt. Gerade am Ende des Stückes, wenn alle sich selbst als eine Puppe zu Grabe trügen, würde die aussichtslose Stimmung forciert. Ebenjene Inszenierung sei laut Thiele trotz aller Eigensinnigkeit in der Umsetzung in Dresden auf eine positive Resonanz gestoßen.

Nach einer einleitenden Beschreibung der Eröffnungsszene (Z. 3–17) legt Thiele ausschließlich positive Kritikpunkte an diesem wohlwollend als „spannende[s] Experiment [ ]" bezeichneten Stück dar (Z. 16 f.). Zunächst lobt er, dass es „[k]lug [sei], Woyzeck als Puppe zu zeigen"(Z. 18). Der Puppenbauer Pietsch habe hervorragende Arbeit geleistet, denn das Produkt entziehe sich aufgrund seiner grauen Farbe jedweder Kategorisierungen. Der Rezensent stellt mit Blick auf den Mehrwert des Regietheaters heraus: „Deformiert, fremdgesteuert und willenlos wandelt Woyzeck durch die Zeiten und Zuschreibungen." (Z. 22 ff.) Die Figur des Dramas werde damit zur Chiffre für das Kollektiv aller Opfer der Kolonialisierung.

Ferner wird das von Julia Kurzweg gestaltete Bühnenbild als „geniale [ ] Wunder-Bühne" (Z. 34 f.) bezeichnet, da die Situation der Familie durch das Leben im Abwasserkanal symbolisch stimmig transportiert werde und die drehbare Bühne dem Stück Dynamik verleihe.

Darüber hinaus stellt Thiele die Musik, vor allem das „Live-Schlagzeug, [die] schräge[n] Synthie-Töne und [die] dröhnende[n] Klangteppiche" (Z. 40 f.) positiv heraus, welche das Publikum in das dargebotene Horrorszenario einhüllen würden. In diesem Kontext verweist er auch anerkennend auf den Einsatz von „[p]sychotische[n] Lichtstimmungen" (Z. 45), welche die „Überhöhung und Verfremdung" (Z. 47) als zentrale Mittel dieser Inszenierung mit konstituieren würden. Ebenso würden die schrillen Kostüme, der Tambourmajor

Einstieg mit den wesentlichen Informationen: Autor und Titel der Rezension, Daten zur Inszenierung

Wiedergabe des Inhalts der Rezension (Teilaufgabe a) im Konjunktiv, berichtender, sachlicher Sprachstil

Analyse der Rezension (Teilaufgabe b) mit Zitaten und klaren Bezügen zum Text

Bezug zu zentralen Inszenierungsaspekten, die in der Rezension besprochen werden

trage zum Beispiel eine „Rüssel-Trophäe" (Z. 57), einen Verfremdungseffekt erzeuge, eine „Achterbahn der Wahrnehmung"(Z. 69). Gleiches gelte für eingespielte Videos mit bizarren Inhalten, den Einsatz von Requisiten, bspw. in Form eines „Textilregen[s]" (Z. 53) oder eines auf die Entwicklungshilfe paro-distisch verweisenden „Care-Paket[es]" (Z. 58). Indem das Publikum zum Lachen gebracht wird, werde subtil verdeutlicht, inwieweit der Rassismus bereits in unserem Alltag fest verankert sei: „Viele im Saal lachen. Aber sie merken nicht, dass sie gerade dem Alltagsrassismus unterliegen" (Z. 61 ff.). Wenn dann im scharfen Kontrast gewaltvolle Szenen dargeboten werden, vergehe den Zuschauern plötzlich das Lachen und sie nähmen diese deutlicher in ihrer ganzen Härte wahr: „[...] wenn sein Puppenkörper dabei schrecklich verrenkt wird, lacht keiner mehr" (Z. 65f.).

Weiterhin beurteilt Thiele die schauspielerischen Leistungen Jannik Hinschs als Tambourmajor, Torsten Ranfts als Doktor, Lukas Rüppels als Hauptmann und Luise Aschenbrenners als Marie positiv. Alle würden in ihren Rollen überzeugen. Schließlich lobt Thiele die Schlussszene, eine „düstere Todesprozession" (Z. 83f.), welche eine nihilistisch-apokalyptische Stimmung transportiere. Sie sei ein „finsteres Seelenabbild" (Z. 86).

Thiele räumt in seinem Fazit (Z. 91–100) ein, dass die Lesart „eigen" sei, sogar zuweilen „laut, plakativ und auch an der Grenze des Geschmacks"; „die Konse-quenz und Bildgewalt" sei jedoch vollends gelungen, ebenso die nachvollzieh-bare „Anklage an die Kolonialmächte". Er kommt zu dem Ergebnis, dass das Drama „Woyzeck" ubiquitär und universell gültig sei: „Seine Tragödie findet in keiner Welt ein Ende" (Z. 98f.). Thiele bezeichnet deshalb die Premiere als „radikalen und grandiosen Abend" (Z. 100). Ebenjene positiv konnotierten Adjektive durchziehen den gesamten Text, verleihen ihm einen anerkennenden Duktus und lassen von Beginn an keinen Zweifel daran, dass Thiele die Auffüh-rung für überaus gelungen hält.

Wenngleich Thiele sich ausschließlich rühmend über die Inszenierung äußert, lassen sich jedoch auch einige negative Kritikpunkte anführen: [...]

Anhand der „Woyzeck"-Inszenierung von Jan-Christoph Gockel 2019 am Dresdner Schauspielhaus lässt ebenso wie an vielen anderen zeitgenössischen Theaterproduktionen und Literaturverfilmungen anschaulich über die Frage diskutieren, ob besonders im Umgang mit älteren Texten aus Gründen der Aktu-alisierung dem Regietheater Vorrang gegenüber dem Prinzip der Werktreue eingeräumt werden sollte. Die oft große zeitliche Distanz, die zwischen der Entstehung älterer Dramen und unseren aktuellen Lebensumständen liegt, ist Anlass genug, über [...]

Zitat der zentralen Aussage der Rezension

Auseinandersetzung mit der Wertung des Stücks

Kommentar zur sprach-lich-stilistischen Qualität der Rezension (Teilauf-gabe b)

Hier kann die Wertung der Rezension mit Blick auf die Eigenheiten der Inszenie-rung kritisch erörtert werden (Teilaufgabe c)

persönliche Stellung-nahme zur Inszenierungs-praxis (Teilaufgabe c)

Bildquellennachweis

32 Alamy stock photo, Abingdon (United Archives GmbH); **33.2** Alamy stock photo, Abingdon (Rupert Oberhäuser); **33.3** stock.adobe.com, Dublin (WavebreakMediaMicro); **33.4** Picture-Alliance, Frankfurt/M. (dieKLEINERT.de/Martin Erl); **34.links** akg-images, Berlin (Heritage Images/Fine Art Images); **34.rechts** Gymnasium Herderschule Lüneburg: Cara Petermann, Vögelsen und Luisa Hauswirth, Lüneburg; **37** Ausschnitt aus: Andreas Eikenroth, Woyzeck, hrsg. von Uwe Garske/Thomas Schützinger, Edition 52, Wuppertal 2019; **38.oben** ullstein bild, Berlin (Kujath); **38.unten** Arno Declair, Berlin; **42.o.r.** akg-images, Berlin; **42.o.l.** Alamy stock photo, Abingdon (The Picture Art Collection); **42.unten** akg-images, Berlin; **44** akg-images, Berlin; **45** akg-images, Berlin; **48** https://creativecommons.org/licenses/by-nd/4.0/, Mountain View; CC-BY-ND-4.0 Lizenzbestimmungen: https://creativecommons.org/licenses/by-nd/4.0/legalcode. @Statista_com, Quelle: WSI; **51** akg-images, Berlin; **52** Bridgemanimages.com, Berlin; **65.o.l.** Georg Büchner: Schulheft Graphik, Geschichte der Schrift, Klassik Stiftung Weimar, Goethe- und Schiller-Archiv, GSA 10/27; **65.o.r.** Georg Büchner Portal, Philipps-Universität Marburg, Prof. Dr. Burghard Dedner, Marburg; **65.u.r.** Interfoto, München (Sammlung Rauch); **65.u.l.** Georg Büchner Portal, Philipps-Universität Marburg, Prof. Dr. Burghard Dedner, Marburg; **66.links** akg-images, Berlin; **66.rechts** (c) Olaf Hajek; **72.o.r.** BPK, Berlin; **72.o.l.** Getty Images Plus/Microstock, München (DigitalVision Vectors/ZU_09); **72.unten** akg-images, Berlin; **76.o.r.** Alamy stock photo, Abingdon (AF Fotografie); **76.o.l.** Alamy stock photo, Abingdon (theatrepix); **76.u.r.** Alamy stock photo, Abingdon (imageBROKER); **76.u.l.** Wozzeck, Fernsehfilm, Deutschland 1972, Regie: Joachim Hess, Produktionsfirma: Polyphon Film- und Fernseh GmbH (Hamburg), Produzenten: Rolf Liebermann und Gyula Trebitsch, (c) Alamy stock photo, Abingdon (United Archives GmbH); **80** Woyzeck, 1979, Regie: Werner Herzog, (c) Alamy stock photo, Abingdon (Photo 12); **82** akg-images, Berlin

Textquellennachweis

8 f. Georg Büchner: Sämtliche Werke und Briefe. Historisch-kritische Ausgabe mit Kommentar, Bd. 1. Hrsg. v. Werner R. Lehmann. Carl Hanser München 1974, S. 407–431; **35** Susi Wimmer: Mord aus Eifersucht. „Ich habe gerade meine Freundin umgebracht". (17.05.2010) Unter: https://www.sueddeutsche.de/muenchen/mord-aus-eifersucht-ich-habe-gerade-meine-freundin-umgebracht-1.752575-0 (Zugriff 24.03.2022, gek.); **39** Georg Büchner: Woyzeck. Deutsch kompetent Kurslektüre. Ernst Klett Stuttgart 2022, S. 13; **40 f.** Georg Büchner: Woyzeck. Deutsch kompetent Kurslektüre. Ernst Klett Stuttgart 2022, S. 16 f.; **41** Uwe Schweikert: Über die Sprache der Verrücktheit. In: Neue Rundschau Jg. 93, Heft 1/1982. S. Fischer Frankfurt/M., S. 152–165; **42** Georg Büchner: Brief an die Familie aus Straßburg v. 01.01.1836. Unter: http://buechnerportal.de/werke/briefe/1-januar-1836-an-die-eltern-in-darmstadt (Zugriff 24.03.2022, gek.); **43** Alfons Glück: Militär und Justiz in Georg Büchners Woyzeck. In: Georg Büchner Jahrbuch 4/1984. Hrsg. v. Thomas Michael Mayer. Europäische Verlagsanstalt Frankfurt/M. 1986; **43** Matthias Langhoff: Was aber war ein Stadtsoldat? In: Marie – Woyzeck. Szenen von Büchner (Programmheft), Bochum 1980. Hrsg. v. Schauspielhaus Bochum; **44** Judith Grümmer, Michael Roehl: Arbeitgeber Bundeswehr. Befremdliche Welt aus Drill und Disziplin. (23.01.2015) Unter: https://www.deutschlandfunk.de/arbeitgeber-bundeswehr-befremdliche-welt-aus-drill-und-100.html (Zugriff 24.03.2022, gek.); **44** Büchners Steckbrief. Unter: http://www.gg-online.de/html/buechner_gedenkjahre/steckbrief.htm (Zugriff 24.03.2022); **45** Georg Büchner: Brief an Karl Gutzkow in Frankfurt am Main v. September 1835. Unter: http://buechnerportal.de/werke/briefe/anfang-september-1835-an-karl-gutzkow-in-frankfurt-am-main/ (Zugriff 24.03.2022, gek.); **45** Georg Büchner: Brief an die Eltern, 1834. Unter: http://buechnerportal.de/werke/briefe/nach-mitte-februar-1834-an-die-eltern-in-darmstadt/ (Zugriff 13.04.2021, gek.); **45** Georg Büchner: Brief an die Eltern, 1833. Unter: http://buechnerportal.de/werke/briefe/5-april-1833-die-eltern-in-darmstadt/ (Zugriff 13.04.2021, gek.); **45** Georg Büchner: Brief an die Eltern, 1834. Unter: http://buechnerportal.de/werke/briefe/nach-mitte-februar-1834-an-die-eltern-in-darmstadt/ (Zugriff 13.04.2021, gek.); **45** Georg Büchner: Brief an August Stöber, 1833. Unter: http://buechnerportal.de/werke/briefe/9-dezember-1833-august-stoeber-in-oberbronn/ (Zugriff 13.04.2021, gek.); **46 f.** Wolfgang Hartwig: Vormärz. Der monarchische Staat und das Bürgertum. In: Deutsche Geschichte der neuesten Zeit, vom 19. Jahrhundert bis zur Gegenwart. Vormärz: Der monarchische Staat und das Bürgertum. Hrsg. v. Martin Broszat. dtv München 1993, S. 15 f.; **47 f.** Georg Büchner: Der Hessische Landbote. Erste Botschaft, Darmstadt/Juli 1834. Unter: http://buechnerportal.de/werke/der-hessische-landbote/ (Zugriff 13.04.2021, gek.); **49** Alfons Glück: Der ökonomische Tod: Armut und Arbeit in Georg Büchners Woyzeck. In: Georg Büchner Jahrbuch 4/1984. Hrsg. v. Thomas Michael Mayer. Europäische Verlagsanstalt Frankfurt/M. 1986. S. 167–226; **50** Eid des Hippokrates. Unter: https://www.aerztezeitung.de/Politik/Der-Eid-des-Hippokrates-269137.html (Zugriff 13.04.2021); **51** Jean-Jacques Rousseau: Emil oder Über die Erziehung. Übers. v. Hermann Denhardt. Ph. Reclam jun. Leipzig 1922; **53 f.** Brüder Grimm: Sterntaler. Aus: Diess.: Kinder- und Hausmärchen. Ausgabe letzter Hand. Hrsg. v. Heinz Rölleke. Reclam Stuttgart 2009, S. 647 f.; **54** Richard Kämmerlings: Im Hafen: Großmutters Märchen aus Woyzeck. (11.01.2006) Unter: https://www.faz.net/aktuell/feuilleton/buecher/richard-kaemmerlings-im-hafen-grossmutters-maerchen-aus-woyzeck-1279468.html (Zugriff 24.03.2022, gek.); **55** Georg Büchner: Brief an seine Verlobte Wilhelmine Jaegle in Straßburg nach Mitte Januar 1834. Unter: http://buechnerportal.de/werke/briefe/nach-mitte-januar-1834-an-wilhelmine-jaegle-in-strassburg/ (Zugriff 24.03.2022, gek.); **56** Ansgar Beckermann: Gehirn, Ich, Freiheit. Neurowissenschaften und